Diário de Experiências Cognopolitanas

Ermania Ribeiro

Diário de Experiências Cognopolitanas

EDITARES

Foz do Iguaçu, PR - Brasil
2020

1ª Edição – *Paperback*.

Os pareceres, as revisões de conteúdo, as revisões gramaticais e a diagramação desta
obra foram realizadas exclusivamente por voluntários da Conscienciologia.

Editor(a): Liege Trentin.
Revisão: Bruna Barra, Carolina Ellwanger, Erotides Louly, Flávio Buononato, Flávio Camargo, Liege Trentin, Liliane Sakakima e Meracilde Daroit.
Capa: Ernani Brito.
Diagramação: Guilherme Kunz.
Impressão: Midiograf.

Dados Internacionais de Catalogação na Publicação (CIP)

R484d Ribeiro, Ermania
Diário de experiências cognopolitanas. / Ermania Ribeiro; [prefácio de Hilton Gunça] – Foz do Iguaçu: Editares, 2020.

230 p.

Inclui bibliografia.
ISBN 978-65-86544-10-7

1. Conscienciologia. 2. Cognópolis – Foz do Iguaçu – PR. 3. Interassistenciologia. I. Gunça, Hilton. II. Título.

CDU 133

Tatiana Lopes CRB 9/1524

EDITARES®

Associação Internacional Editares
Av. Felipe Wandscheer, 6.200, sala 100D, Cognópolis
Foz do Iguaçu, Paraná, Brasil, CEP: 85856-850
Tel.: +55 (45) 99133-2818
E-mail: editares@editares.org – *Website: www.editares.org.br*

Dedico este livro aos cognopolitanos atuais e futuros, pela coragem de empreender e ousar, ombro a ombro com os amparadores, na empreitada evolutiva da Reurbex Planetária.

“Ao longo da vida, surgem pistas que nos indicam para que direção devemos seguir. Se não damos atenção a essas pistas, fazemos opções erradas e acabamos levando uma vida infeliz. Se ficamos atentos, aprendemos nossas lições e temos uma vida plena e boa, assim como uma boa morte” (Kübler-Ross, 1998, p. 220).

Sumário

Índices e Referências

AGRADECIMENTOS

Agradeço em primeira mão à Edileuza Barbosa Coutinho e José Ribeiro Neto, meus queridos pais, pela assistência, amor, carinho e educação que me ofertaram nesta vida, uma oportunidade para qualificarmos nossos vínculos afetivos.

À Clara, Guilherme e Daniel pela oportunidade de doação maternal e a Elmo Matos, pelo reencontro como casal ter proporcionado amadurecimento e realização no compromisso como pais dessas 3 consciências.

Ao mano Aurélio e às manas Joselma, Erla e Laiane, pelo fraternismo vivenciado dia a dia.

A toda minha família e aos amigos de todas as épocas, pelas trocas de afeto positivo e aprendizagens de respeito na convivência.

Ao meu duplista, Gelson Oliveira, pelo carinho, afeto e companheirismo nesta atual fase evolutiva na Cognópolis.

Aos primeiros professores da Conscienciologia, Hilton Gunça e Samuel Ribeiro; à Elisa Frota, pela assistência na retomada de tarefa no IIPC-Salvador, a todos os colegas voluntários e à família evolutiva, pelo aprendizado da interassistencialidade.

À Marta Ramiro, pelo incentivo da pesquisa e escrita sobre Recéxis no Colégio Invisível da Recexologia durante o período de transição e chegada à Cognópolis.

Ao IIPC, maior atrator dos Intermissivistas, ao CEAEC, pelo acolhimento na chegada à Foz do Iguaçu e a todas as ICs, pelo desempenho assistencial em suas especialidades.

Agradecimento particular à OIC, pela experiência crescente no voluntariado profissional; à UNIESCON e à EDITARES, pelo apoio gesconológico.

A Mabel Teles – primeira conscin a saber sobre a ideia do livro – pelo incentivo nas etapas posteriores da escrita, um agradecimento especial.

Às amigas Tatiana Lopes, Sissi Lopes e Flávia Auoar pelo incentivo à escrita.

Aos revisores: Eduardo Martins, Eliana Manfroi, Eduardo Azevedo, Flávio Buononato, Flávio Camargo, Carol Ellwanger, Helmar Andrade, Bruna Barra, Meracilde Daroit, Liege Trentin, Liliane Sakakima, Ila Rezende e Erotildes Louli; ao diagramador Guilherme Kunz; e ao Ernani Brito pela criatividade da capa.

Aos pioneiros da Conscienciologia que garantiram o assentamento das bases dessa ciência no Planeta.

Ao professor Waldo Vieira, pelo seu exemplarismo de fraternismo e interassistencialidade, a quem busco seguir os passos atenta às singularidades do meu caminho evolutivo.

Aos amparadores, sempre disponíveis para as tarefas do esclarecimento durante as 24 horas do dia, em todas as dimensões.

Prefácio

> *"Ser uma minipeça num maximecanismo."*
> (Ver Léxico de ortopensatas, p. 1029)

A epígrafe acima representa de maneira singular: o significado do presente livro, a sua autora, este prefaciador e a nossa jovem Cognópolis. Todos minipeças pulsantes do grande mecanismo multidimensional de evolução e assistência que é a vida.

Um diário registra diversas fases da história do seu autor. Neste "Diário de Experiências Cognopolitanas", compartilhamos os registros dos 4 primeiros anos da chegada em Foz do Iguaçu-PR da multifacetada Ermania Ribeiro, também conhecida por alguns como Guel ou Jaglete.

Ao mesmo tempo, mãe, filha, sertaneja, nordestina, farmacêutica, psicóloga, professora, pesquisadora, voluntária, tenepessista, verbetógrafa, consciencioterapeuta, duplista, intermissivista e agora autora de livro.

Ermania compartilha seu laboratório pessoal, para que outros saibam que para cumprir a programação existencial é preciso romper grilhões mesológicos, traços multiexistenciais arraigados no temperamento, buscar a companhia de companheiros mais amadurecidos e avançados na jornada evolutiva, ao mesmo tempo olhando para si e agindo em prol dos outros, reciclando "tudo de eito", mudando inclusive de cidade para se permitir evoluir.

Ela, sem saber, serviu-me como modelo de coragem, determinação, foco e lucidez. Seu exemplo inspirou-me. Nunca poderia imaginar que em 1996, a minha ida para ministrar palestra pública pelo Instituto Internacional de Projeciologia e Conscienciologia – IIPC, em Irecê-BA, resultaria neste revezamento assistencial ainda em vida. Em outubro de 2015, foi a vez de ela ajudar na minha chegada definitiva a Foz do Iguaçu.

A Cognópolis é um grande laboratório de convivialidade e evolutividade, uma oportunidade ímpar, onde todos os nossos processos de mudança aceleram, como está bem relatado nos próximos capítulos desta obra.

O livro que agora tem em mãos, de leitura agradável e reflexiva, é, ao mesmo tempo, um guia de chegada, um relato pessoal, um estudo técnico e um futuro artefato retrocognitivo.

Servirá também para apresentar a Cognópolis a quem acabou de se mudar, ampliar conceitos e técnicas da ciência Conscienciologia aplicados no dia a dia, além de demonstrar a necessidade e importância do trabalho proexológico grupal, no qual "cada um é uma minipeça do maximecanismo".

Espero que o "Diário de Experiências Cognopolitanas", além do bom humor característico de Ermania Ribeiro, cative e incentive você leitor a começar ou redirecionar suas próprias reciclagens, escrever o seu diário pessoal, visitar e conhecer melhor a nossa Cognópolis.

Boa leitura e boa jornada!

Hilton Gunça
Pesquisador da Conscienciologia
Cognópolis, Foz do Iguaçu, 23 de abril de 2019

Introdução

> "*Escrever* evolutivamente é a conscin colocar
> a **verdade** que encontra em si mesma,
> e por si mesma, em seus livros."
>
> Waldo Vieira (2014b, p. 618)

Diário. O *Diário de Experiências Cognopolitanas* é o relato das vivências de uma conscin reciclante, retomadora de tarefa, relativo a conteúdos evolutivos na fase de assentamento na Cognópolis Foz do Iguaçu, Paraná, Brasil, no período de 2014 a 2017.

Narrativa. É também uma narrativa de episódios holossomáticos ocorridos durante a imersão consciencial da autora em holopensene cognopolitano a partir de um olhar atento, intra e extraconsciencial com base no *Paradigma Consciencial.*

Autobiográfico. Os relatos em primeira pessoa, informais, solilóquios traduzidos em palavras escritas são uma forma de evidenciar a própria leitura dos fatos e parafatos sob a lente individualíssima da interpretação pessoal. Mostra facetas intraconscienciais e informações desta existência, reveladoras da autobiografia.

Registro. A necessidade do registro diário se deve ao fato de que, ao passar pelas neoexperiências, muitas vezes a confusão de ideias é intensa e o ato de escrever traz alívio e organização. Outras vezes, a clareza das ideias e sentimentos é tão marcante que urge registrar para não perder a informação preciosa. Desafio de ser realista e técnica diante do invisível e do subjetivo.

Desvio. Apesar da autora ter conhecido a Conscienciologia em 1996 e se identificar com a proposta, participar de cursos e grupos de pesquisa até o ano 2000, o retorno ao contato com as ideias dessa ciência só aconteceu em 2010.

Atualização. Após 10 anos de afastamento, houve uma necessidade de atualização quanto aos conceitos conscienciológicos. A mudança para Cognópolis Foz serviu de facilitador para o realinhamento da autoproéxis.

Oportunidade. O fato de ter ressomado no planeta Terra, Brasil, e ter acessado as ideias da Conscienciologia, neste momento evolutivo, é oportunidade ímpar para o intermissivista atento aos sinais da holomemória e que não deseja ficar à margem do movimento da *Reurbanologia.*

Cognópolis. A cidade do conhecimento já tem implantado um holopensene facilitador da evolução. O retomador de tarefa e outros interessados dispõem dos recursos da Cognópolis Foz – o local ideal para atualização conscienciológica, retorno à tarefa assistencial e realinhamento da proéxis.

História. Escrever um diário de experiências é como contar histórias de vida em tempo e espaço definidos. Neste diário a autora narra sua história da viagem de volta às memórias do *Curso Intermissivo* (CI) e do reencontro com o grupo evolutivo da Conscienciologia.

Objetivo. O principal objetivo deste livro é evidenciar pela *Experimentologia,* a partir do autexemplo, ao retomador de tarefa ou ao desviado da rota da proéxis, a possibilidade do uso dos recursos recinológicos da Cognópolis e do autesforço para retomada do eixo proexológico.

Livro. Transformar as anotações diárias em livro é oportunidade de dividir as experiências com os leitores e deixar registrado, no tempo, a narrativa dos episódios vivenciados para futuro acesso, cápsula do tempo.

Fontes. Este livro poderá servir a outras consciências no sentido de ampliar suas percepções do ambiente e época narrados, como também de fonte de pesquisas futuras relacionadas à história e à cultura da Cognópolis Foz do Iguaçu.

Público. A presente obra destina-se aos intermissivistas desviados da rota proexológica. Deseja-se que a partir do exemplo da experiência positiva da autora, possam esses companheiros evolutivos retomar a tarefa e motivar-se no empreendimento da recéxis.

Cognopolitanos. A obra poderá despertar a curiosidade dos cognopolitanos interessados em conhecer a trajetória evolutiva da autora, e aos não intermissivistas interessados na Conscienciologia e nas comunidades conscienciológicas.

Consciexes. Também pode servir de exemplo para consciexes em Curso Intermissivo preparatório para ressoma; amparadores; guias amauróticos; e credores do passado da autora.

Estrutura. O livro está dividido em 3 seções, 19 capítulos, com temas considerados relevantes quanto às experiências cognopolitanas da autora. Para esclarecimento prévio ao leitor ou leitora, eis breve resumo do conteúdo das seções:

I. **Conscienciologia e Cognópolis.** Aborda a explicação da ciência Conscienciologia, suas premissas básicas e explicitação do Paradigma Consciencial; mostra a atual estrutura física, administrativa, humana e funcional da Cognópolis Foz, com o intuito de ampliar a visão sobre o funcionamento desta.

II. **Chegada à Cognópolis.** A autora traz a narrativa dos primeiros meses em Foz do Iguaçu e alguns eventos mais significativos da Cognópolis promotores de repercussões no seu microuniverso consciencial.

III. **Realinhamento de Proéxis.** Apresenta fatos e parafatos referentes ao processo íntimo de realinhamento de proéxis, radicação na Cognópolis Foz e autanálise consciencial.

Capítulos. A estrutura dos capítulos 1, 2, 18 e 19 está em forma apostilada. Os outros capítulos iniciam com uma *Pensata* do Léxico de Ortopensatas (Vieira, 2014b); seguem com um *Relato* em primeira pessoa e finalizam com uma *Contextualização* do relato em forma apostilada e frase síntese.

Cronologia. Os capítulos não obedecem uma ordem cronológica dos fatos. São resultados de anotações espaçadas e colocadas por ordem de importância recinológica. Seguem a ordem do *crescendo recéxis-recin-realinhamento de proéxis.*

Estilística. Na redação da obra, foram utilizadas algumas técnicas da Estilística Conscienciológica, tais como: evitação de cacófatos; eliminação de hífens possíveis; aplicação de sublinhamentos (negritos e itálicos); elaboração de enumerações, emprego de definições e frases sínteses.

Neologismos. O leitor que desconhece os neologismos da Conscienciologia poderá consultar o *Glossário da Conscienciologia* no final do livro.

Momento. O *Diário de Experiências Cognopolitanas* foi escrito durante a fase crítica ou de readaptação da CCCI, após a dessoma do professor Waldo Vieira (1932-2015), o propositor das ciências Projeciologia e Conscienciologia. O livro contém fatos relacionados à percepção da autora sobre esse contexto, no qual estava inserida.

Diário de bordo. *Diário de bordo* é a expressão utilizada para se referir ao relatório sobre determinada navegação, no qual ficam registrados os acontecimentos mais importantes durante o trajeto. O diário de bordo, usado nas viagens, geralmente é narrativa do ambiente e de fatos externos ao narrador.

Mimese. Ao escrever um diário de experiências, existe a possibilidade de repetição da forma. Há possibilidade desta autora já ter escrito em forma de diários as experiências ou pesquisas em outras vidas: *diários de navegações, diários narrativos de paisagens, lugares novos, episódios, culturas, estruturas vegetais, animais, diários de pesquisa.*

Conteúdo. Apesar do mimetismo da forma, o conteúdo das experiências narradas é inusitado. Revela pela primeira vez, para a autora, uma existência no planeta Terra como intermissivista e minipeça interassistencial dentro do maximecanismo. Esse fato é suficiente para convidar o leitor a participar desta viagem evolutiva!

Convite. Ao embarcar nesta viagem, convidamos o leitor a levar em sua bagagem a bússola do autodiscernimento e conservar a âncora da autolucidez atendo-se ao *Princípio da Descrença*: **não acredite em nada que está escrito neste livro, tenha suas próprias experiências pessoais.**

"Assim como o *útero* permite a gestação humana, o ***cérebro*** faculta a gestação consciencial."

(Vieira, 2014b, p. 756)

A autora

Cognópolis, Foz do Iguaçu, outubro de 2019

E-mail: ermanaj@gmail.com

Seção I

Conscienciologia e Cognópolis

1. O que é a Conscienciologia?

"A **Conscienciologia** é a Ciência da dissecação do *modus operandi* de a consciência se conscientizar sobre si mesma."

Waldo Vieira (2014b, p. 407)

Complexidades. Conhecer a Conscienciologia é adentrar um universo complexo, tanto em relação a si mesmo quanto à realidade que nos rodeia. Como disse um amigo, antes de conhecer a Conscienciologia sua vida era como um painel de fusca, após conhecê-la, sua vida se transformou no painel de um avião supermoderno e complexo.

Simplicidade. Ao mesmo tempo, adentrar nesses conhecimentos, para o intermissivista, poderá tornar-se simples ao levar em consideração o fato de já conhecer o conteúdo prévio dessas ideias e de estar apenas relembrando.

Consciência. A consciência (ego, alma ou ser) é o principal objeto de pesquisa da Conscienciologia. O pesquisador é o cientista e, ao mesmo tempo, o objeto de estudo, tendo como princípio básico a autopesquisa por meio da autexperimentação dos fenômenos.

Neociência. A neociência Conscienciologia estuda a consciência de modo integral. Foi proposta no Brasil em 1981 pelo médico, odontólogo, lexicógrafo e pesquisador independente, Waldo Vieira (1932-2015). Está sistematizada nos tratados Projeciologia: Panorama das Experiências da Consciência Fora do Corpo Humano (1986) e 700 Experimentos da Conscienciologia (1994).

Definição. "A Conscienciologia é a Ciência que trata do estudo abrangente da consciência, executado pelas próprias consciências através dos atributos conscienciais, veículos de manifestação e fenômenos conscienciais multidimensionais" (Vieira, 1999, p. 33).

Técnicas. Todos os fenômenos e realidades que a consciência vivencia, desde o comportamento até situações mais sutis, como a interação energética entre pessoas e ambientes, são pesquisados pela Conscienciologia. O objetivo é estabelecer técnicas aplicáveis à prática cotidiana visando maior saúde e bem-estar à consciência, com finalidade evolutiva e interassistencial.

Pensene. A Consciência, emite ininterruptamente *pen*samentos, *sen*timentos e *ene*rgias, os *Pensenes.* Segundo Vieira (1994, p. 77), o pensene é a unidade de manifestação prática da consciência.

Veículos. Os veículos de manifestação da consciência estudados na Conscienciologia são 4. Este conjunto de corpos ou veículos denominado *Holossoma* permite que a consciência atue em múltiplas dimensões, além da dimensão física:

1. Soma (o corpo humano)
2. Energossoma (o corpo energético)
3. Psicossoma (o corpo emocional)
4. Mentalsoma (o corpo mental, do autodiscernimento)

Manifestação. A consciência, segundo a Conscienciologia, pode manifestar-se a partir de 3 estados básicos:

1. **Estado consciencial intrafísico:** corresponde ao estado da consciência intrafísica (conscin) ou humana, eu e você, temporariamente imersos na matéria vitalizada do corpo físico.
2. **Estado consciencial extrafísico:** corresponde ao estado da consciência extrafísica (consciex) ou consciência que já desativou o corpo físico.
3. **Estado consciencial projetado:** corresponde ao estado da consciência projetada (projetor) ou indivíduo que se encontra temporariamente com seus veículos de manifestação em descoincidência.

Paradigma. A teoria utilizada para estudar a consciência e que embasa toda a ciência, o método e os experimentos da Conscienciologia constituem o *Paradigma Consciencial*, composto por 7 temas basilares que orientam as pesquisas:

1. **Holossoma.** Conjunto de corpos ou veículos de manifestação da consciência.
2. **Bioenergética.** As energias conscienciais (ECs) e energias imanentes (EIs).

3. **Multidimensionalidade.** As diferentes dimensões e realidades não-físicas onde a consciência se manifesta.

4. **Serialidade.** Estudo de vidas passadas, do *Ciclo Multiexistencial Pessoal* (CMP).

5. **Cosmoética.** Moral cósmica, superior à moral humana, que considera as múltiplas vidas e suas relações interpessoais.

6. **Universalismo.** Conjunto de ideias com base nos princípios da Megafraternidade que eliminam preconceitos e fronteiras entre as consciências.

7. **Autexperimentação.** A pesquisa da consciência a partir da autexperimentação.

Questionamentos. O Paradigma Consciencial é fundamental para responder a inúmeros questionamentos e explicar vários fenômenos que vêm sendo ignorados ou excluídos da ciência convencional.

Corpus. A materialização das ideias da Conscienciologia acontece em forma de pesquisa e publicações em revistas, livros, tratados e enciclopédia. Esses registros facilitam a muitas consciências o acesso às ideias no presente e no futuro. O total de publicações até outubro de 2019 são 11.065 (ICGE, 2019).

Cultura. A implementação do trabalho energético diário, a integração das consciências no trabalho voluntário, o aprofundamento do sentir e agir no cotidiano com lucidez e discernimento assenta no Planeta a *cultura evolutiva.*

Intermissivista. O acesso às ideias da Conscienciologia é importante principalmente ao intermissivista, aquela conscin participante do Curso Intermissivo (CI) no último período intermissivo (entre uma vida e outra).

Holomemória. As informações sobre a materialização da Conscienciologia no Planeta estão retidas na holomemória do intermissivista, assim como as diretrizes da sua proéxis (autoproéxis) e da proéxis grupal (maxiproéxis).

Proéxis. "A *proéxis* é a programação existencial, evolutiva e pessoal da conscin, estabelecida na dimensão extrafísica, antes dessa mesma conscin entrar no funil do restringimento da vida humana ou no renascimento na intrafisicalidade" (Vieira, 1994, p. 612).

Compromissos. "Do ponto de vista da *Extrafisicologia*, toda consciência vive o período da intermissão pré-ressomática e expressiva microminoria frequenta e conclui algum Curso Intermissivo. As recordações dos compromissos firmados durante o Curso Intermissivo estimulam as conscins a se unirem formando a Cognópolis e a reunião dos cognopolitas com paraprocedências afins e interesses evolutivos, cosmoéticos e proexológicos comuns" (V. **Vieira,** Waldo; ***Cognopolita;*** verbete; In: **Vieira,** Waldo; Org.; ***Enciclopédia da Conscienciologia;*** verbete apresentado no *Tertuliarium / CEAEC,* Foz do Iguaçu, PR, em: 03.01.2007).

Grupalidade. A realização da maxiproéxis depende da reunião e atuação grupal que se estabelece mediante ações interassistenciais comunitárias intrafísicas da CCCI.

CCCI. A *Comunidade Conscienciológica Cosmoética Internacional* (CCCI) é uma comunidade intrafísica responsável pela manutenção e desenvolvimento: da Conscienciologia no Planeta; da construção e manutenção das estruturas físicas e administrativas das Instituições Conscienciocêntricas (ICs); e da tares (tarefa do esclarecimento).

Definologia. "A Comunidade Conscienciológica Cosmoética Internacional é o conjunto de habitantes, reunião ou agrupamento e a vida intrafísica, em comum, da sociedade de conscins conectadas pelos vínculos conscienciais da Conscienciologia, na cotidianidade diuturna, nesta dimensão humana, material ou terrestre" (Vieira, 2007, p. 811).

Pontoações. O Censo da CCCI 2018, enviado para 1.500 *e-mails,* composto por 929 respondentes, aponta tendências do perfil dos voluntários da Conscienciologia: a faixa etária varia dos 15 aos 80 anos, com percentual maior de 13,6% entre os 45 e 49 anos, 58% de mulheres, 85% graduados em nível superior e 38% residentes em Foz do Iguaçu (ICGE, 2019).

Intrafisicologia. Fazem parte da CCCI todos os voluntários da Conscienciologia do Brasil e de outros países que estejam conectados através dos vínculos conscienciais nesta dimensão terrestre, atuando no dia a dia, com base no Paradigma Consciencial. As cognópolis estão inseridas na CCCI.

Voluntariado. "Princípio basilar do voluntariado conscienciológico é o não recebimento de quaisquer remunerações para o exercício, seja para as atividades em geral, como também para os cargos de liderança e docência" (Ulman, 2019, p. 142).

Colégios. Existem grupos de pesquisadores da Conscienciologia, no Brasil e no exterior (Europa, África, Austrália) que trabalham em uma linha de conhecimento ou especialidade dessa Ciência independentemente de estruturas físicas e institucionais, são os *Colégios Invisíveis da Conscienciologia.* Os encontros para as trocas de conhecimento entre os integrantes ocorrem via *on line* ou presencialmente.

Cognópolis. Em 1995, foi fundado o *1º Campus Conscienciológico,* o CEAEC - Centro de Altos Estudos da Conscienciologia em Foz do Iguaçu, na região da tríplice fronteira.

Teática. "A Cognópolis Foz é a comprovação objetiva do conceito conscienciológico denominado *teática – teoria e prática,* e da força do corpo de ideias de ponta da Conscienciologia, proposto pelo pesquisador independente Waldo Vieira, dedicado às pesquisas da consciência desde a juventude" (Arakaki; Bonassi, 2016, p. 39).

Recéxis. Os pesquisadores dispõem de inúmeros recursos e atividades que podem ser utilizados como ferramentas promotoras da reciclagem existencial (recéxis), por exemplo: cursos, debates, tertúlias, laboratórios, publicações, técnicas conscienciológicas, preceptorias, conscienciioterapia, dentre outros.

Acesso. O acesso a esses recursos e atividades é livre, sendo alguns gratuitos e outros pagos. O movimento de divulgação dessas atividades pela CCCI é intenso e tem como finalidade atrair os intermissivistas.

Recursos. "Segundo a *Intrafisicologia,* a Cognópolis, ao reunir e otimizar todos os recursos disponíveis para a consecução avançada da maxiproéxis, é, sem dúvida, forte atrativo para as conscins lúcidas, automotivadas e disponíveis para as grandes reciclagens na vida humana. Tal fator explica racionalmente as mudanças de residências das pessoas, as criações dos condomínios conscienciológicos, as ICs, as ECs e o surgimento da Cognópolis" (V. **Vieira,** Waldo; ***Cognopolita;*** verbete; In: **Vieira,** Waldo; Org.; ***Enciclopédia da Conscienciologia;*** verbete apresentado no *Tertuliarium / CEAEC,* Foz do Iguaçu, PR, em: 03.01.2007).

Expansão. A implantação das ideias da Conscienciologia no Planeta é recente, porém de acordo com a teoria da evolução consciencial, tende a se expandir ao longo dos séculos, trazendo benefícios a todos.

A Conscienciologia, ***ciência das ciências, disponibiliza*** *recursos* ***potencializadores das*** *reciclagens íntimas* ***aos pesquisadores interessados na*** *autevolução.*

2. Cognópolis: Cidade do Conhecimento

"Em Foz do Iguaçu estamos tentando transformar a **Cognópolis** na *capital dos oásis*, em pleno deserto da Socin."

Waldo Vieira (2014b, p. 358)

Bairro. A Cognópolis ou *Cidade do Conhecimento* é um bairro situado na cidade de Foz do Iguaçu (Paraná, Brasil), criado a partir das ideias do propositor da Conscienciologia, Waldo Vieira, com objetivo de atender as necessidades evolutivas das consciências. Também conhecido por Bairro do Voluntariado, foi oficializado pelo Decreto Municipal nº 18.887/2009.

Comunidade. "Anteriormente à criação oficial do bairro, a CCCI com a integração de seus voluntários era denominada, informalmente, de Cognópolis-Foz, já que os pesquisadores espalhados por outras localidades também vinham desenvolvendo esses pontos comunitários de conscienciólogos. Com a criação oficial do bairro em 23 de maio de 2009, agregou-se à comunidade conscienciológica de migrantes já existentes outros munícipes de Foz do Iguaçu, ampliando-se assim o abertismo à comunidade" (Ulman, 2019, p. 132).

Cognópolis. Além da Cognópolis Foz do Iguaçu, existe a Cognópolis Pedra Azul, localizada em Domingos Martins no Espírito Santo e a Cognópolis Saquarema no Rio de Janeiro.

Pré-Cognópolis. Em 2015, o professor Waldo Vieira lançou a proposta de implantação de uma Cognópolis em Florianópolis, Santa Catarina. Este projeto está sendo desenvolvido pela IC *Orthocognitivus* (Associação Internacional para Implantação da Cognópolis em SC).

Voluntariado. Toda a estrutura da Cognópolis está sustentada e mantida, quase integralmente, a partir do voluntariado conscienciológico.

Funcionários. Além dos voluntários, alguns funcionários são contratados para serviços diversos, por exemplo, recepção, limpeza, serviço contábil e financeiro, dentre outros. Essa necessidade surgiu a partir do crescimento do número de ICs e complexidade dos *campi*.

Opções. As possibilidades de voluntariado dentro das Instituições Conscienciocêntricas (ICs) são variadas, vão desde o receptivo a novos integrantes ou visitantes; docência; executivo e monitor de eventos; administrativo; financeiro; preceptorias; conscienciometria; conscienciotерapia; até a escrita e edição de artigos, verbetes, revistas e livros conscienciológicos.

Aceleração. A Cognópolis oferece ao intermissivista e ao não intermissivista recursos para aceleração da sua evolução. Pela primeira vez, no planeta Terra, concentram-se, em um só lugar artefatos do saber, consciências, estruturas físicas, tecnologias e paratecnologias voltadas para o objetivo da aceleração da evolução consciencial.

Debates. "Sendo assim, quem quer pasmaceira não deve vir para Cognópolis Foz, *local de debates,* até acalorados, visando aprofundamento e ampliação cognitiva e maior intercompreensão consciencial" (Arakaki; Bonassi, 2016, p. 35).

Política. Sobre as decisões políticas cognopolitanas, no livro, *Democracia, experimentos no bairro Cognópolis-Foz,* fruto das pesquisas da mestre Karla Ulman (2019, p. 169), esta conclui que: "Com relação a Cognópolis, verificou-se tratar de uma comunidade que se orienta e toma decisões políticas a partir do *demos,* sob a ótica da democracia – o governo de muitos –, com arranjos institucionais políticos e jurídicos, construídos, na maior parte das vezes, diretamente por seus moradores e voluntários".

Maxiproéxis. A Cognópolis, ao reunir e otimizar todos os recursos disponíveis para consecução avançada da maxiproéxis, é um forte atrativo para os pesquisadores lúcidos, automotivados e disponíveis para as grandes reciclagens da vida humana.

Oásis. "O objetivo básico de toda Cognópolis Conscienciológica é criar e manter um oásis de reflexão cosmoética, evolutiva e prioritária, dedicado à Interassistenciologia" (Vieira, 2014b, p. 178).

Infraestrutura. A infraestrutura da Cognópolis de Foz do Iguaçu (Ano-base: 2019) está composta de uma superfície terrestre de aproximadamente 10 414 000 m^2 (metragem total do bairro), sendo 1 568 759,88 m^2 pertencente a CCCI (Ulman, 2019, p. 133).

Campus. Fazendo parte dessa infraestrutura, encontra-se o *Campus* CEAEC - *Centro de Altos Estudos da Conscienciologia*, iniciado em 1995, local onde se concentra a maior parte das edificações de uso grupal, compondo um ambiente otimizador para os pesquisadores da consciência.

Recursos. Eis, listados e descritos em ordem alfanumérica, 14 *recursos intrafísicos* disponíveis na Cognópolis de Foz do Iguaçu:

01. ***Acoplamentarium.*** Com base física no *Campus* do CEAEC, é um laboratório grupal multidimensional, tecnicamente preparado para estudo e aprimoramento parapsíquico por meio da técnica do acoplamento energético.

02. ***Campus* da Assinvéxis.** Situado ao lado do condomínio *Villa Conscientia*. Local de concentração de recursos para os inversores existenciais. O laboratório *Serenarium* se localiza dentro deste *campus*.

03. ***Campus* da OIC.** Situado próximo ao CEAEC, é o primeiro *campus* de Conscienciοterapia do Planeta, mantido pela OIC (Organização Internacional de Conscienciοterapia). Local de atividades relacionadas aos atendimentos conscienciοterápicos individuais, de casal e de grupo.

04. **Condomínios conscienciológicos.** Situados no bairro Cognópolis, são condomínios de casas, de propriedade particular, construídos pelos voluntários da Conscienciologia: Campo dos Sonhos, Cosmoética, Evolução, Residencial Integração, Serenologia, Amarilis, Rose Garden, *Villa Conscientia* e chalés.

05. ***Discernimentum.*** Situado em terreno vizinho ao CEAEC, onde se concentram várias ICs, com auditório para eventos conscienciológicos, praça da convivialidade e alguns domicílios de voluntários.

06. **Holociclo.** Localizado no CEAEC, é um ambiente otimizador da escrita conscienciológica, projetado para alimentar o holopensene da *Enciclopédia da Conscienciologia*, onde o pesquisador encontra livros, enciclopédias, dicionários, cosmogramas (recortes de jornais e revistas) e todas as obras da Conscienciologia publicadas até o momento.

07. **Holoteca.** Localizada no CEAEC, é um conjunto de coleções especializadas de livros, revistas, periódicos, multimídia e outros artefatos do saber, organizados de maneira técnica, para promover o estudo e a pesquisa com visão cosmovisiológica.

08. **Hotel Mabu *Interludium*.** Situado ao lado do CEAEC, na Rua da Cosmoética, construído pela AIEC (Associação Internacional para Expansão da Conscienciologia) e administrado pela rede Mabu de Hotéis. Recebe turistas de Foz do Iguaçu e visitantes da Cognópolis. Local onde são realizados eventos da Conscienciologia, dinâmicas parapsíquicas, congressos, dentre outros.

09. **Instituições Conscienciocêntricas (ICs).** São 24 ICs, sendo 21 instaladas em Foz do Iguaçu (Ano-base: 2020), voltadas ao desenvolvimento evolutivo das consciências embasadas no *Paradigma Consciencial*. ICs são organizações de pesquisa e educação que desenvolvem atividades dentro de uma especialidade relacionadas ao seu materpensene.

10. **Laboratórios de autopesquisas.** Localizados no CEAEC e na Assinvéxis, os laboratórios individuais de autopesquisa são locais intrafísicos promotores da expansão da consciência, voltados às especialidades conscienciológicas. Cada laboratório detém um holopensene específico, contendo livros, periódicos, tratados da Conscienciologia para consulta do pesquisador, além de estrutura otimizadora para relaxamento físico e acoplamento com a equipe de amparadores extrafísicos. No momento (Ano-base: 2019), existem 17 laboratórios no CEAEC e 1 na ASSINVÉXIS.

11. **Praça da Paz.** Localizada no CEAEC em meio aos laboratórios, arvoredos, gramados e flores. Os bancos e marco central da Paz permitem ao visitante experimentar momentos de reflexão ao ar livre, junto à natureza.

12. ***Tertuliarium*.** Localizado no CEAEC, é um local com capacidade para acolher 346 conscins, construído para promover debates de ideias, onde acontecem, diariamente, as tertúlias conscienciológicas; semanalmente, aos sábados, o Círculo Mentalsomático; e aos domingos a Tertúlia Matinal. Sua estrutura arredondada, em forma de arena, propicia a manutenção do foco no ponto central. As Tertúlias diárias têm transmissão *online* para todo Planeta com acesso gratuito.

13. **Trilha *Via Florestalis*.** Localizada no *Discernimentum*, próximo ao Rio Tamanduazinho, a ecotrilha bioenergética *Via Florestalis*,

oferece ao visitante uma intensa integração com a natureza. Atua como fonte de Energia Imanente (EI), propícia à desassimilação e desintoxicação energética. São 2.060 metros de mata nativa, com biodiversidade rica, onde é possível avistar uma réplica da Torre do Relógio – da cidade de Graz, na Áustria. Essa trilha fica disponível também aos hóspedes do hotel Mabu *Interludium*.

14. ***Village CEAEC.*** Localizada no CEAEC, ao lado do *Tertuliarium*, é uma hospedaria com 35 leitos, direcionada ao acolhimento e recepção aos pesquisadores da Cognópolis.

Estrutura. As estruturas foram desenvolvidas a partir da força do voluntariado, como afirma Ulman (2019, p. 142), "Saliente-se que todas as bases do desenvolvimento da Cognópolis foram erigidas, erguidas e desenvolvidas pelo voluntariado conscienciológico, sem quaisquer dotações orçamentárias federais, estaduais ou municipais, mas tão somente a partir do esforço de consciências que reconhecem fazer parte desse projeto de vida".

Atividades. Diversas atividades diárias acontecem dentro do universo da Cognópolis, de domingo a domingo, 365 dias por ano, promovendo a aceleração da evolução das consciências participantes, intrafísicas e extrafísicas. Essas atividades propiciam encontros e reencontros e são fermentadoras de neoideias maxiproexológicas. Eis, 17 atividades listadas, em ordem alfabética, disponíveis ao público:

01. Aerópago conscienciológico.
02. Círculo mentalsomático.
03. Colégios Invisíveis.
04. Congressos.
05. Conscienciometria.
06. Conscienciοterapia.
07. Cursos.
08. Debates.
09. Dinâmicas parapsíquicas.
10. Encontros.
11. Lançamentos de livros.
12. Minitertúlias.
13. Prova da Conscienciologia.
14. Reuniões.

15. Simpósios.
16. Tertúlias conscienciológicas.
17. Voluntariado.

Autossutentabilidade. "Cognópolis, portanto, é um bairro autossustentável utilizando-se de recursos materiais advindos da venda de cursos, livros, terrenos em condomínios e, também, da doação material de pessoas em geral, interessadas nos propósitos do desenvolvimento do bairro e da ciência Conscienciologia. Estrutura-se juridicamente na forma de associações do terceiro setor a partir de colegiados, conselhos e comissões técnicas participativas e deliberativas, fundamentada no trabalho voluntário independente de quaisquer remunerações" (Ulman, 2019, p. 142 a 143).

Convivialidade. Além das atividades promovidas pelas instituições, as possibilidades da convivência nos intervalos das atividades proporcionam a troca informal de conhecimentos e experiências entre os frequentadores da Cognópolis. O "Café com Letras" dentro da livraria Epígrafe, os jardins do CEAEC e o restaurante são locais propícios a isso.

Reencontros. Essas trocas informais ajudam a sedimentar relacionamentos, desenvolver a convivialidade sadia e enfatizam a importância dos reencontros holocármicos. "As vivências na Cognópolis Foz pressupõem o *reencontro* de diversos grupos do passado, hoje reunidos em prol de objetivos evolutivos" (Arakaki; Bonassi, 2016, p. 35).

Holopensene. O holopensene reciclogênico propicia a ativação das reciclagens existenciais (recins e recéxis) em seus visitantes e moradores. Essas reciclagens são possíveis a qualquer conscin no contexto da Cognópolis ou fora dele. Depende da vontade da conscin a autopromoção da sua evolução.

Livro. O livro *Cognópolis Foz, Um Lugar para se Viver,* dos autores, Kátia Arakaki e João Bonassi, lançado em 2016, é um excelente guia para os neocognopolitanos, o qual mostra nuanças importantes para uma mudança planejada para Cognópolis Foz.

Interlúdio. "A Cognópolis Foz conta ainda com os benefícios da Comunex – Comunidade Extrafísica, Interlúdio, situada na região do

Parque Nacional do Iguaçu, atuando na linha de frente das reurbanizações extrafísicas" (Arakaki; Bonassi, 2016, p. 35).

O *holopensene cognopolita* **bem utilizado pelas** *consciências* **mais lúcidas catalisa a** *autoproéxis* **e a** *maxiproéxis* **otimizando o movimento da** *reurbex* **planetária.**

Seção II

Chegada à Cognópolis Foz do Iguaçu

3. Cognópolis Foz do Iguaçu

"Extrafisicamente, a Cognópolis-Foz é ponta de lança da Reurbexologia e **Capital da Conscienciologia**, por ser o local intrafísico com adaptação maior ao *Curso Intermissivo* (CI). Ano-Base: 2014."

Waldo Vieira (2014b, p. 358)

RELATO

Em 2015, após alguns meses morando na Cognópolis, começo a vislumbrar o alcance da escolha feita. Ao retornar da minitertúlia para casa, a pé, percebo a ideia de escrever um livro, "O diário de uma cognopolita".

Achei estranho o título e a princípio não gostei, apesar disso, troquei ideia com uma escritora cognopolitana e esta deu feedback *positivo sobre o projeto do livro.*

Comecei a esboçar os escritos, sem muita pretensão, mais movida pelo objetivo de organizar os pensamentos e sentimentos diários, do que pela escrita do primeiro livro conscienciológico.

Cheguei a Foz do Iguaçu no dia 07 de fevereiro de 2014, trazendo apenas uma mala de roupas e muitas ideias de mudança na cabeça. Hospedei-me no CEAEC por 20 dias para decidir os próximos passos: moradia, compra de carro e voluntariado no IIPC-Sede.

*Nessa ocasião, consegui vender um imóvel para formar meu "*buffer financeiro*" e assim poder me dedicar à nova etapa de vida com maior tranquilidade, o meu segundo tempo consciencial.*

Chegar à Cognópolis foi motivo de alegria e euforin diária. Entrei em primener. Muito bom estar convivendo em uma comunidade da Conscienciologia e ter uma rotina diária de estudos e pesquisas sobre a consciência.

A aprendizagem diária com as minitertúlias, oferecidas pelo professor Waldo Vieira todas as manhãs no Tertuliarium, *foi espetacular. Consegui acompanhá-las por 1 ano e meio até a sua dessoma em julho de 2015.*

Estar na companhia do professor Waldo Vieira, fazer perguntas durante os debates e voltar para casa com inúmeras autorreflexões, são motivos de gratidão diária. Esses contatos possibilitaram a recuperação de cons quanto aos compromissos assumidos no Curso Intermissivo, ajudando no realinhamento da proéxis.

Sentia muita alegria em estar com o grupo, em trocar experiências e retomar meu compromisso proexológico. Ainda não era claro para mim o meu desvio de proéxis, mas sentia-me atrasada e ansiosa. Também não sabia em que direção ir, pois tudo era novidade.

Sabia que deveria voluntariar e ler muito, para tirar o atraso cognitivo relacionado às ideias da Conscienciologia já presentes nos tratados e na Enciclopédia. Aproveitar cada segundo do Tertuliarium, *dos cursos oferecidos, das dinâmicas parapsíquicas e da convivialidade no CEAEC era a meta evolutiva daquele momento.*

Ao mesmo tempo em que me alegrava e me expandia com a nova rotina, sentia medo do desconhecido. Uma cultura diferente, nova forma de encarar a vida e a morte. Percebia um grupo de consciexes que me acompanhava relacionado à fome, à falta de recursos financeiros. Diariamente percebia pensenes do tipo: "Você vai perder tudo, vai passar fome". Eu fazia contas, refazia, revisava as planilhas financeiras e isso não fazia sentido, mas estava presente, cotidianamente na minha pensenidade.

Afastar-me fisicamente da família nuclear, dos amigos e da rotina de uma cidade litorânea, como Salvador, fez parte da reciclagem existencial (recéxis). A ousadia evolutiva estava presente impulsionando-me "para frente e para cima", um movimento intraconsciencial de crescimento.

A busca pelo novo momento de vida representava uma conquista evolutiva. Dedicar tempo, esforços e energias para otimizar a evolução em um campus conscienciológico é uma oportunidade ímpar e eu certamente iria aproveitar tudo aquilo.

Pelo histórico familiar – relacionado à escassez de recursos financeiros (mesologia) – pensei na hipótese dos pensenes em relação à fome, serem de guias amauróticos, consciexes amigas querendo me proteger de um infortúnio igual aquele.

Imagino que para essas consciexes, estar na Cognópolis soava estranho e perigoso, porém minha vulnerabilidade a esse padrão se dava pelo traço-fardo da interiorose e da submissão a valores familiares anacrônicos. Um tipo de autassédio gerador de heterassédio.

Nascer no interior da Bahia, na cidade de Irecê, sertão nordestino, família pernambucana e paraibana, trouxe forte carga de mesologia interiorota e com tendência ao conformismo e pouca ousadia evolutiva. Cultura de luta pela sobrevivência.

A importância da família, do casamento, cuidado com os filhos e respeito aos pais fizeram parte dos valores positivos recebidos. A continuidade da cultura religiosa, do apego aos bens materiais e o medo da falta (fome) também fazem parte desse "pacote mesológico" desta ressoma. São os valores negativos aprendidos. Identificar esses padrões e manter o abertismo foi conduta padrão de enfrentamento desses primeiros meses na Cognópolis.

Implementar uma rotina útil, baseada na autopesquisa, aquisição de novos conhecimentos e desenvolvimento do parapsiquismo assistencial seria inadiável para o momento evolutivo.

CONTEXTUALIZAÇÃO

Recéxis. A mudança para Cognópolis (2014), usada enquanto medida de *reajuste da rota proexológica*, foi uma recéxis gerada a partir da sensação de desperdício de tempo e recursos intraconscienciais surgida após o curso Balanço Existencial da APEX em 2012.

Reciclagens. A participação nesse curso promoveu a autorreciclagem a partir do *trinômio aquisição cognitiva–expansão cosmovisiológica–aplicação imediata.*

Urgência. Após avaliação dos aportes recebidos nesta vida e da possibilidade de assistência a ser feita havia um enorme *gap*: defasagem na assistência em nível egocármico e grupocármico, gerando inquietação e urgência de reciclagem.

Expansão. O voluntariado em Salvador, na Bahia, mostrou-se insuficiente em relação às demandas intraconscienciais de expansão evolutiva.

Cognopolita. A Cognópolis oferecia os recursos estruturais, tecnológicos e humanos direcionados à autevolução avançada a partir da execução da maxiproéxis grupal, a qual não era percebida em Salvador.

Megadecisão. A partir da megadecisão de mudança para Foz do Iguaçu, houve um planejamento de ações até sua efetivação em fevereiro de 2014: organização da família, filhos, profissão, voluntariado, amigos e finanças. Foram 2 anos utilizados nessa acabativa.

Relações. Ao considerar a importância dos relacionamentos, a explicação sobre a mudança foi sendo tratada individualmente com os componentes do núcleo familiar, de acordo com a possibilidade de entendimento, com objetivo principal de não deixar lacunas emocionais e poder fazer a mudança de modo mais tranquilo.

Amigos. Marquei encontros com amigos e amigas ao longo de vários meses com a intenção de despedir-me de cada um de maneira particular, agradecendo pela amizade e esclarecendo sobre os novos rumos de vida. O clima de intimidade gera o fortalecimento dos vínculos e inspira interconfiança, pela valorização da pessoa em particular.

Acabativa. A importância dada às despedidas individualizadas tem relação direta com o fechamento energético de um ciclo, acabativa positiva particularizada. Na despedida grupal, isso não seria possível, pois o clima seria de dispersão.

Harmonização. "Procurar entrar em harmonia com quem fica para trás é condição básica para o maior bem-estar do mudador, dos familiares e dos conhecidos" (Arakaki; Bonassi, 2016, p. 51).

Profissão. O encaminhamento gradual dos pacientes atendidos no consultório de Psicologia foi sendo efetivado para colegas de profissão. Também foi feito o fechamento das atividades do grupo da formação profissional, a Biossíntese: desligamento do grupo de supervisão e do

Projeto Social da Biossíntese que me conectava a trabalho voluntário em escolas públicas em Salvador.

Estratégias. A principal estratégia utilizada na chegada a Foz baseou-se na utilização dos recursos pró-evolutivos da Cognópolis na aplicação da técnica da recéxis (reciclagem existencial).

Prioridade. Diante da grande oferta de ferramentas evolutivas disponíveis na Cognópolis, seria inteligente priorizar as atividades relacionadas às necessidades do momento evolutivo para ter uma produtividade qualificada geradora de reciclagens.

Foco. A priorização está relacionada ao foco, daí a importância do autodiscernimento direcionando à escolha da prioridade evolutiva evitando os desperdícios de tempo e recursos.

Realinhamento. Para a retomada e realinhamento da proéxis pessoal, houve um planejamento para aproveitar os recursos da Cognópolis com foco na autorganização e baseada no *binômio tempo-prioridade.*

Foz. "A mudança para Foz não significa ascensão na Escala Evolutiva, mas aproximação com a *Escola Evolutiva da Conscienciologia* (Arakaki; Bonassi, 2016, p. 47).

Atividades. Eis, em ordem funcional, 15 atividades priorizadas na chegada a Foz e a razão da escolha:

01. **Voluntariado.** O voluntariado no Instituto Internacional de Projeciologia e Conscienciologia (IIPC) foi mantido por gerar uma sensação de bem-estar e conforto, necessárias no período de adaptação à nova realidade. Ao mudar de cidade, companhias, cultura e holopensene ficou evidente a necessidade de manter algo conhecido, a convivência com pessoas e holopensene familiar no contexto da Cognópolis.

02. **Minitertúlias.** A presença diária nas minitertúlias ministradas pelo professor Waldo Vieira, no *Tertuliarium*, das 9h às 10h50min. Atividade imprescindível para atualização do Curso Intermissivo, geradora de reflexões e autorreflexões profundas.

03. **Tertúlias.** A determinação de participação mínima em duas tertúlias semanais no *Tertuliarium*, escolhendo temas de interesse de

pesquisa, com o objetivo interassistencial de aprendizado e presença holossomática no local.

04. **Docência.** A disponibilidade para ministrar palestras e cursos do IIPC e do CEAEC. Docência é interassistência, promove o amadurecimento dos conhecimentos na interação com os alunos. O laringochacra é trabalhado na autexposição, ajudando na expressão da força presencial.

05. **Itinerância.** A abertura para ministrar palestras públicas e aulas do CIP (Curso Integrado de Projeciologia e Conscienciologia) na cidade de Cascavel, próxima de Foz do Iguaçu.

06. **Verbetes.** Escrita e apresentação de verbetes. Defesa do primeiro verbete da Enciclopédia da Conscienciologia, *Alegria*, em maio de 2014, e do segundo verbete *Maratona proexológica*, em março de 2015. A apresentação de verbetes promove a autexposição tarística e a interassistência junto ao público-alvo do verbetógrafo.

07. **Holociclo.** Frequência diária no Holociclo nos intervalos entre as minitertúlias e almoço para aproveitamento do holopensene específico do estudo e escrita dos verbetes da enciclopédia.

08. **Holoteca.** Utilização do acervo da Holoteca para pesquisas bibliográficas e do espaço silencioso para estudo e escrita de artigos. O holopensene da Holoteca, rico em informações diversas, estimula a criatividade e favorece a captação de *insights* dos amparadores.

09. **Gescons.** A produção de gescons como meta prioritária objetivando o desenvolvimento do mentalsoma. A escrita tarística atua no desassédio mentalsomático e trabalha diversos atributos do mentalsoma: atenção, associação de ideias, foco, concentração e intelectualidade.

10. **Cursos.** A escolha dos cursos Conscienciológicos promovidos pelas diversas ICs na Cognópolis. Muitos cursos só existem em Foz do Iguaçu. Chegar à Cognópolis significa ampliar a rede de conhecimentos das especialidades.

11. **Dinâmicas.** A participação inicial em várias dinâmicas para desassédio semanal e interassistência com objetivo de experimentar o holopensene de cada uma para posterior escolha da dinâmica semanal a ser frequentada com assiduidade. Duas dinâmicas foram selecionadas: a *dinâmica interassistencial* do IIPC para o desenvolvimento da projetabilidade lúcida e a *dinâmica da Consecutivus* para promoção da recuperação de memórias das retrovidas e do Curso Intermissivo.

12. **Laboratórios.** O uso semanal dos laboratórios individuais e 2 laboratórios grupais do *Acoplamentarium* por semestre. Um laboratório semanal individual, para desenvolver o parapsiquismo, com temática escolhida a partir da necessidade do momento. O laboratório grupal para desenvolvimento da clarividência e da interassistência.

13. **Colégio Invisível.** A manutenção da pesquisa através do Colégio Invisível da Recexologia. É uma especialidade de interesse pessoal e uma atividade estimuladora da escrita.

14. **Conscienciоterapia.** O início do processo da Conscienciоterapia na condição de evoluciente para trabalhar traços de submissão e desenvolver o autodesassédio.

15. **Convivialidade.** O aproveitamento dos horários entre as atividades e durante as refeições para ampliar o leque de amizades e aprofundar contatos com pessoas conhecidas, moradoras ou não da Cognópolis. A convivialidade ajuda no desenvolvimento da interassistencialidade, na troca de experiências e nos reencontros grupocármicos.

Valoração. "Pensar que a atual vida (a sua, a minha, a de todos) está tão valorizada, podendo render por 15 existências prévias, é impactante para qualquer consciência lúcida. O mercado evolutivo requer investimentos precisos, certeiros, sem desvios e desperdícios de recursos e atributos. Possuir capacidade ociosa na proéxis é como jogar bens evolutivos pela janela" (Manfroi, 2017, p. 171).

Antidesperdício. Aproveitar os recursos da Cognópolis para aumentar a autopercepção, a autocognição e empreender evolutivamente, com base na interassistência, pode gerar ganhos conscienciais nunca antes almejados ou alcançados pelo pré-serenão intermissivista.

***Os** recursos evolutivos **da cognópolis são** ferramentas **utilizáveis na** megaviragem **do** retomador de tarefa autoconsciente **do** Curso Intermissivo.*

4. Maratona Proexológica

"A formação da **consciência paraconscienciólogа** se desenvolve em 4 tempos ou etapas fundamentais: o *Curso Intermissivo*; a formação escolar; os cursos, tertúlias e minitertúlias conscienciológicas; o segundo *Curso Intermissivo*."

Waldo Vieira (2014b, p. 1213)

RELATO

Tenho a sensação de estar em um navio, indo para algum lugar desconhecido, porém planejado. Abaixo dos meus pés tudo muda, o tempo todo, como a água que passa. A cada dia, milhas e milhas são vencidas e o norte depende da interpretação da bússola. Apesar do norte, da direção fazer parte da rota, tempestades no meio do caminho poderão surgir. Como enfrentá-las estando em mar revolto?

Tenho inseguranças financeiras e psicológicas. Não é nada fácil estar aqui, sozinha em Foz do Iguaçu, fora do meu contexto mesológico, embora me sinta bem acompanhada extrafisicamente. Entendo que a mudança para Foz passa por um processo de adaptação o qual tem início, meio e fim. Ansiedade não vai adiantar.

O que me ajuda é pensar que tudo isso faz parte do autenfrentamento da insegurança e da dependência emocional e estou caminhando para essas reciclagens intraconscienciais (recins) a partir das reciclagens externas (recéxis). É preciso capitanear minha evolução: ter meta clara, manter o curso, priorizar, manter a linha de conduta com ousadia evolutiva.

Outro fator que me traz tranquilidade é lembrar que já percebia a sensação de não ter mais nada a fazer naquele contexto. Não deixei nada mal aparado na Bahia. Cuidei de todos os detalhes das acabativas antes de vir para Foz: amizades, família, empresa. Encaminhei todos os processos, buscando fechar os ciclos com cuidado e gratidão a todos.

Também gosto de pensenizar que a assistência que faço aqui reverbera a favor do grupocarma familiar, agora e no futuro. Quando ampliamos a assistência em nível multidimensional, ampliamos o raio de assistência, incluindo o raio menor da família nuclear que fica incluído.

O exercício da empatia e do respeito ao nível evolutivo do grupocarma familiar é a aprendizagem primeira. A escolha por evoluir em compasso mais acelerado não significa rompimento, mas sim flexibilidade, fraternidade, empatia e interassistência. É uma visão mais ampliada e cosmovisiológica do contexto grupocármico e das decisões de destino relacionadas à autoproéxis.

A convivência com a família evolutiva em Foz ajuda a ampliar o senso de convivialidade sadia. Aqui, na Cognópolis, vivemos muitos reencontros milenares e isso faz a diferença do ponto de vista das reconciliações grupocármicas.

A cada experiência grupal e ampliação da autocognição surgem as mais diversas indagações: Qual a linha mestre da minha proéxis? Qual o público-alvo a ser assistido? Qual a especialidade da Conscienciologia tenho afinidade? Qual o meu grupo de trabalho voluntário?

Urge identificar a autoproéxis e assumi-la. Muitos questionamentos e poucas respostas. Faz parte da fase de transição. "Adelante," agora é colocar em prática a "Maratona Proexológica"!

CONTEXTUALIZAÇÃO

Autoproposta. A partir da escolha quanto à priorização do tempo e atividades na chegada a Foz do Iguaçu, consolidou-se a *Maratona Proexológica*, uma autoproposta de aceleração das reciclagens a partir do uso dos recursos da Cognópolis.

Maratona. Ao experimentar a *maratona* e observar seus efeitos positivos, houve a necessidade de dividir a experiência, por meio da escrita de artigo para *Revista Conscientia* e verbete para *Enciclopédia da Conscienciologia.*

Verbete. O verbete *Maratona Proexológica* foi defendido, em março de 2015, com o objetivo de organizar as vivências de 2014 em forma de gescon e praticar a autexposição tarística.

Definição. A *maratona proexológica* é a vivência da aceleração de ações ou esforços da conscin intermissivista, homem ou mulher, gerada pelo limite cronológico de realização da autoprogramação existencial, sendo medida preparatória para liderança interassistencial (V. **Ribeiro,** Ermania; ***Maratona Proexológica;*** verbete; In: **Vieira,** Waldo; Org.; ***Enciclopédia da Conscienciologia;*** verbete apresentado no *Tertuliarium / CEAEC,* Foz do Iguaçu, PR, em: 18.03.2015).

Autocompetitividade. A maratona proexológica está ancorada na autocompetitividade, nos autesforços, no aproveitamento do tempo e dos aportes recebidos, mantendo o megafoco no completismo existencial.

Ação. Diagnosticar o atraso evolutivo é o primeiro passo; a seguir, vem o autenfrentamento – o emprego de ações direcionadas à resolução do fato diagnosticado. Nesse sentido, a maratona proexológica propõe ações para absorção de conhecimentos, a qualificação da assistência e o autodesassédio com o objetivo de autopromover a "viragem da autoproéxis".

Intermissivo. O conjunto de atividades e disciplinas estudadas durante o Curso Intermissivo – com o objetivo de planejar a próxima ressoma – promove a expansão da cosmovisão, criando memórias que serão acessadas ao longo da próxima vida intrafísica através da recuperação dos *cons magnos.*

Autonomia. O intermissivista pode adquirir mais responsabilidade e autonomia quanto à sua evolução a partir das informações sobre sua seriéxis, recebidas no Curso Intermissivo, porém o restringimento intrafísico dificulta a recuperação dos *cons magnos* e poderá levá-lo ao desvio de proéxis.

Autoproéxis. Nesse momento evolutivo, torna-se necessário a "viragem da autoproéxis", onde o intermissivista usará ferramentas e recursos disponíveis no auxílio à promoção das reciclagens existenciais para o reajuste da rota proexológica.

Autoviragem. "A autoviragem é a *viragem da própria mesa,* a reciclagem existencial, quando a pessoa faz a ultrapassagem do gargalo do momento evolutivo. Aí, a conscin começa a alcançar a cosmovisão, além da monovisão ordinária e segue o *princípio da renovação evolutiva.* A pessoa está um pouco carunchenta ou oxidada em função da rotina inútil, então tem urgência de promover a reciclagem existencial" (Vieira, 2014a, p. 518).

Alavancagem. A implementação da rotina útil pela autora, com objetivo de promover a alavancagem da autoproéxis, baseou-se na utilização estratégica dos recursos disponíveis na Cognópolis Foz do Iguaçu com foco prioritário na aquisição de conhecimentos; qualificação da assistência; e no autodesassédio.

Cognópolis. O holopensene da Cognópolis é um agente facilitador e promotor de reciclagens e ajustes proexológicos para as consciências interessadas. Esse holopensene otimizador da recuperação de *cons magnos* atua como retrofôrma do Curso Intermissivo.

Mentalidade. "Outro aspecto importante é a expansão de mentalidade mais restrita para a mentalidade cognopolita da diversidade conscienciológica. É como sair da *jacuzzi* particular para o *oceano interassistencial*" (Arakaki; Bonassi, 2016, p. 18).

Rotina útil. A rotina útil é uma técnica Conscienciológica, proposta pelo professor Waldo Vieira, está descrita no Verbete "Rotina útil" da Enciclopédia da Conscienciologia.

Definição. "A *rotina útil* é a técnica da sequência lógica, temporal ou diária de atos ou procedimentos constantes, impostos tecnicamente à própria vida pessoal, por força da repetição de hábitos sadios e uniformes, capazes de potencializar a consecução cosmoética da programação existencial específica da conscin lúcida" (V. **Vieira,** Waldo; ***Rotina Útil;*** verbete; In: **Vieira,** Waldo; Org.; ***Enciclopédia da Conscienciologia;*** verbete apresentado no *Tertuliarium / CEAEC,* Foz do Iguaçu, PR, em: 02.10.2005).

Implementação. Eis, enumerados em ordem cronológica, as atividades prioritárias organizadas para implementação da rotina útil semanal, distribuídas ao longo dos 3 turnos diários:

1. **Manhã.** Tenepes, minitertúlias, estudo ou escrita no Holociclo.

2. **Tarde.** Tertúlias, voluntariado, pesquisa e escrita no Holociclo ou Holoteca.

3. **Noite.** Dinâmicas parapsíquicas ou cursos conscienciológicos.

Atividades. Nos finais de semana, a rotina útil semanal foi mantida em sua essência, baseada na tenepes, estudo, escrita e cursos, porém com acréscimo do lazer.

Cotidianidade. "O completismo existencial é o resultado dos minicompletismos diários. A análise de um único dia do indivíduo, homem ou mulher, pode fornecer indícios da tendência para uma vida inteira. O intermissivista, atilado, busca autorganizar-se para vivenciar a semana de *7 dias evolutivamente úteis*" (Manfroi, 2017, p. 139).

Trabalho. Vale salientar que, nesse período (2014 a 2015), o trabalho profissional não era uma prioridade. A utilização do "*buffer* financeiro" estava dentro do planejamento dessa fase inicial de estabelecimento em Foz do Iguaçu, devido ao atraso evolutivo diagnosticado e a urgência em recuperar o tempo perdido.

Definição. "O *buffer financeiro* é a reserva técnica de dinheiro, em caráter profilático, alocada pela conscin, instituição ou empresa, especificamente para cobrir determinada despesa, por período de tempo pré-definido, minimizando impactos na proéxis pessoal ou grupal decorrentes de redução do rendimento financeiro (V. **Facury,** Marco; ***Buffer Financeiro;*** verbete; In: **Vieira,** Waldo; Org.; ***Enciclopédia da Conscienciologia;*** verbete apresentado no *Tertuliarium / CEAEC,* Foz do Iguaçu, PR, em: 16.12.2012).

Bolsochacra. "O *bolsochacra* é o órgão mais sensível do corpo humano, portanto qualquer desequilíbrio financeiro gera repercussões em outras áreas da vida intrafísica, impactando diretamente a performance da execução da proéxis" (Arakaki; Bonassi, 2016, p. 123).

Autodesassédio. Durante a maratona houve um processo gradativo de autodesassédio. A participação semanal nas dinâmicas parapsíquicas e a heteroconsciencioterapia foram ferramentas imprescindíveis para sustentar essa condição.

Linha de Chegada. A busca pela especialidade para ajuste fino da proéxis significou a linha de chegada da *maratona proexológica.*

A *MARATONA PROEXOLÓGICA* **UTILIZADA PARA ACELERAÇÃO DAS RECICLAGENS TEM, NA** *LINHA DE CHEGADA,* **O ENCONTRO DA** *ESPECIALIDADE,* **SIGNIFICANDO O** *AJUSTE FINO* **DE ROTA.**

5. Minitertúlias Conscienciológicas

"As minitertúlias em geral são aulas de **Evoluciologia.**"
Waldo Vieira (2014b, p. 1094)

RELATO

Dia 26.08.2014: ao findar a tenepes voltei para cama, mas o sono foi embora, estava ativa e feliz. Levantei e fui cuidar do café para chegar cedo à minitertúlia. Muito bom estar aqui na Cognópolis. Todos os dias sinto agradecimento por essa oportunidade. Sou uma cognopolita de carteirinha.

Ao chegar mais cedo no CEAEC, o Tertuliarium ainda não estava aberto para adentrarmos. Iniciei uma conversa com os que estavam na fila para entrar na minitertúlia. As pessoas chegam mais cedo para ficar de conversa com o professor Waldo Vieira e também aproveitar o campo mentalsomático para ler e escrever.

Nesse momento estou escrevendo aqui dentro do Tertuliarium enquanto não começa, aproveitando o holopensene mentalsomático. O professor Waldo Vieira está se refestelando com uns 6 livros de autores e assuntos diferentes, todos autografados, que recebeu de presente. Hoje tem muitas pessoas novas na minitertúlia.

Penso que um dos melhores presentes a lhe ofertar são livros, fica com um sorriso no rosto e olha atentamente um a um, depois mostra para todos nós. Antes, ele conversou individualmente com uma pessoa que lhe procurou. Chegou outra mulher e entregou-lhe um folder. Ele acorda bem cedo e vem sozinho para o Tertuliarium, diz que fica aqui trabalhando energia e lendo, os amparadores junto com ele.

A equipex (equipe extrafísica dos amparadores) começa o trabalho antes da nossa chegada. Aliás, o professor Waldo Vieira tem ofiex, isso significa trabalho de assistência 24 horas por dia.

Em alguns momentos, quando a presença da equipex é mais ostensiva, o professor faz uma parada na fala, todos ficam em silêncio e atentos, após um tempo, narra sobre sua percepção do extrafísico: qual o amparador ou amparadores presentes, o objetivo assistencial daquele dia, sempre contextualizando para ajudar nosso entendimento da situação extrafísica que muitos não conseguem ainda perceber por alguma limitação no desenvolvimento parapsíquico.

Também são trazidas consciexes que estão no Curso Intermissivo para observar o debate, as conscins e a Cognópolis. Essas têm a oportunidade de gravar no paracérebro o contexto vivenciado e provavelmente será mais fácil de rememorar o aprendizado quando ressomarem.

Durante as minitertúlias, muitas vezes me sinto na "cozinha de casa" conversando com os amigos ou parentes, tal o nível de intimidade e aconchego energético.

Isso se explica ao que o professor Waldo Vieira coloca no Dicionário de Argumentos da Conscienciologia (DAC): "uma característica da minitertúlia é a intimidade proxêmica contígua, ou a contiguidade íntima. Conversa ao pé do fogo" (Vieira, 2014a, p. 1004 e 1005).

Esse nível de intimidade levava o grupo a aumentar o nível de confiança e se abrir mais, relatando autovivências parapsíquicas ou do voluntariado, como também das pesquisas e autopesquisa dentro da Conscienciologia. Dessa forma, as minitertúlias auxiliaram na qualificação da convivialidade do grupo.

As minitertúlias também serviram como aulas práticas do CI, ou seja, planejamos nesta ressoma ajudar a materializar a Conscienciologia, a maxiproéxis, como também as reciclagens individuais, a autoproéxis.

Logo, esses encontros auxiliaram na atualização técnica e paratécnica dos membros participantes do CI vivenciado na última intermissão, ajudando no completismo existencial.

Levando-se em consideração que as conscins desse grupo estiveram juntas no passado em contextos positivos, mas também negativos, onde muitos disputaram entre si o poder ou a governança, há de se pensar que agora, juntos, com a tarefa assistencial da maxiproéxis, a intercooperação é o maior aprendizado.

Estar cara a cara, diariamente, escutando verdades relativas de ponta, debatendo educadamente e utilizando o binômio admiração-discordância, significa um grande avanço evolutivo. Passamos da condição de líderes anticosmoéticos para aprendizes de liderança assistencial cosmoética. Assim caminha a evolução!

CONTEXTUALIZAÇÃO

Minitertúlia. A minitertúlia, uma atividade ministrada pelo professor Waldo Vieira até o período anterior a sua dessoma, ocorria no *Tertuliarium* todas as manhãs das 09h às 10h50min, exceto aos sábados, quando acontece o Círculo Mentalsomático. Durante um período, o Círculo Mentalsomático acontecia das 8h às 10h e a minitertúlia das 10h às 10h45min, ambos sob mediação do professor Waldo Vieira.

Minitertuliologia. "A *Minitertuliologia* é a Ciência aplicada aos estudos específicos, sistemáticos, teáticos ou pesquisas e vivências das reuniões com número de pessoas afins e de maior intimidade –, minitertúlias –, objetivando o mesmo conteúdo ou megafoco cognitivo realista" (Vieira, 2014a, p. 1004).

Definição. "A *minitertúlia conscienciológica* é o evento interassistencial realizado no período de 26 de maio de 2012 a 07 de junho de 2015, diariamente, com duração de 1 hora e 50 minutos, no *Tertuliarium do Centro de Altos Estudos da Conscienciologia* (CEAEC) localizado na Cognópolis Foz do Iguaçu, Paraná, Brasil, mediante a reunião de pesquisadores, aos moldes de *Curso de Longo Curso,* para debater presencialmente temáticas avançadas, com ênfase na Parapercepciologia (V. **Roque,** Marlene; ***Minitertúlia Conscienciológica;*** verbete; In: **Vieira,** Waldo; Org.; ***Enciclopédia da Conscienciologia;*** verbete apresentado no *Tertuliarium / CEAEC,* Foz do Iguaçu, PR, em: 24.11.2015).

Histórico. As tertúlias surgiram em 2001 no Holociclo, também foram realizadas na Holoteca, no refeitório do CEAEC, no Salão Verde, no auditório do *Discernimentum*, antigo *Conviviarium*. Originadas de conversas informais e espontâneas do professor Waldo Vieira com os presentes, ao longo do tempo foi adquirindo um formato mais técnico. (Ferraro; Arakaki, 2012, p. 360).

Aulas. "Essa atividade gratuita, aberta a qualquer pessoa interessada, foi se tornando cada vez mais constante até culminar nas tertúlias diárias, sem feriados nem férias, aulas-debate com duas horas de duração e único professor ao longo de vários anos" (Ferraro; Arakaki, 2012, p. 360).

Início. Para iniciar as atividades, o monitor batia o gongo, depois eram lidas as *pensatas do dia* pelo professor Waldo Vieira. Os presentes escreviam em seus cadernos ou digitavam nos computadores. Quase sempre alguém pedia para ele repetir a pensata, o que fazia com muita paciência.

Pensata. "A **paciência** e o fraternismo da conscin atuando na condição de epicentro, nas minitertúlias conscienciológicas, são testadas diariamente ao precisar repetir, tranquila e lentamente, a leitura das pensatas no início das atividades, de modo especial dirigida aos anotadores" (Vieira, 2014b, p. 1094).

Léxico. Boa parte dessas pensatas comporia a última obra do professor Waldo Vieira, o *Léxico de Ortopensatas*, composto de 2 volumes, lançado em 2014 e a 2ª edição *post mortem* com o 3º volume.

Perguntas. Após a leitura das neopensatas, abria-se para perguntas variadas, inclusive sobre as pensatas, algumas muito complexas. O debate era sempre produtivo e mentalsomático, reverberando no holossoma dos presentes e das consciexes acompanhantes.

Debate. O debate diário servia para clarear questões do CI, mas também para ensinar novidades, muitas vezes trazidas pelos amparadores do grupo. O estímulo para pensar e perguntar era sempre evidente no holopensene do *Tertuliarium*. Alguns presentes sempre perguntavam, outros nunca ou raramente perguntavam.

Frase. Com o propósito de estimular a participação nos debates, foi colocado um aviso na parede da entrada do *Tertuliarium:* "Não permaneça invariavelmente em silêncio aqui no *Tertuliarium.* O paracérebro é uma coisa preciosa demais para se desperdiçar".

Grupo. O grupo interessado nesses debates se constituía na maioria de conscienciólogos moradores de Foz do Iguaçu, em grande parte moradores do bairro Cognópolis. Também de conscienciólogos que estavam de passagem por Foz ou participando de alguma atividade na Cognópolis.

Visitantes. Algumas vezes apareciam visitantes, moradores de Foz ou turistas levados pela curiosidade sobre a Conscienciologia. Nesses momentos o professor Waldo Vieira jogava o *tapete vermelho*, ou seja, voltava-lhes toda a atenção e algumas vezes pedia para batermos palmas, um gesto de acolhimento, e também para movimentar as energias do local, facilitando o encaminhamento das consciexes acompanhantes dos visitantes, uma forma de desassédio.

Conviviologia. Esses encontros diários ajudaram a fortalecer os vínculos de amizades entre os participantes mais assíduos, como também facilitou o conhecimento mais íntimo entre essas consciências.

Strip-tease. Em alguns debates havia o *strip-tease* consciencial, ou seja, a pessoa ia perguntando e o professor dando dicas sobre seu temperamento e manifestações. Percebia esses momentos como decisores de destino a partir do que estava sendo explicitado para aquela consciência. Raras vezes chegou a revelar uma personalidade consecutiva (a personalidade da vida anterior da pessoa).

Reverberação. Ao revelar detalhes sobre a manifestação de um dos presentes, havia reverberação em todo o campo de energia, nas conscins e consciexes, pois somos um grande grupo que vem se encontrando e reencontrando há muitas vidas.

Reconciliações. A importância de estreitar a convivência com o professor Waldo Vieira e com os conscienciólogos tem relevância para as reconciliações do grupo, mas também para o espelhamento entre os pares.

Gratidão. Nesse momento, ao escrever sobre as Minitertúlias, revejo e qualifico a importância daqueles encontros. Percebo um sentimento de gratidão que posso retribuir através deste livro narrando aqueles fatos para quem não os vivenciou.

Responsabilidade. Retratar o passado-presente de modo a grafar na memória o aporte recebido pelo grupo se origina da sensação de pertencimento e responsabilidade diante dos desafios vindouros.

As minitertúlias conscienciológicas, **aulas de** atualização **e** ampliação **do** curso intermissivo, **funcionam ao modo de** laboratórios **singulares de** conviviologia.

6. Círculo Mentalsomático

"O círculo de *homens somáticos* é imenso. O círculo de *homens psicossomáticos* é mediano. O círculo de ***homens mentaissomáticos*** é mínimo."

Waldo Vieira (2014b, p. 342)

RELATO

Hoje é sábado, 18.10.2014, dia do círculo mentalsomático com o tema, "Limites da argumentação". Achei bem interessante e na minha percepção quem mais falou e defendeu, estava precisando aprofundar o tema de maneira teática, pois na prática estava querendo convencer os outros da sua opinião.

E eu, por que não aproveitei o espaço para me expressar? Fiquei pensenizando sobre meu colega que falou muito e eu não falei nada, apesar de saber que o objetivo dos debates é ajudar no esclarecimento das neoverpons e também do desenvolvimento do binômio admiração-discordância.

Alguns questionamentos dos presentes no Círculo de hoje: Argumentação é opinião pessoal? Argumentação visa ao convencimento? Há imposição de ponto de vista na argumentação? Existe a argumentação patológica e a homeostática? Toda intenção de argumentação é anticosmoética?

Segundo a fala do professor Waldo Vieira, a sequência lógica de ideias na argumentação, tem que ser factível, estar baseada em fatos. Na Conscienciologia, além dos fatos deve-se levar em conta também os parafatos, a pessoa que argumenta tem que ter a experiência multidimensional. A melhor argumentação é o seu exemplarismo, o mais é guerra, é revolução. A argumentação deve fazer o ouvinte pensar. Quando o limite da argumentação é positivo, a pessoa escreve um livro.

Em relação ao interlocutor, o que defendia a argumentação, houve discordâncias entre os presentes: Sempre que há um interesse de adesão por parte do interlocutor, é anticosmoético? Quando tem intenção de adesão, a pessoa quer trazer o outro para a opinião dela, então há intenção de convencimento?

Se a argumentação pode ser um meio de interrelacionamento, quais as atitudes de salvaguarda que a pessoa tem para saber se quer argumentar ou esclarecer?

Parece que o limiar entre argumentação e persuasão é sutil, penso que vai depender da intenção do interlocutor. Se ainda repete o comportamento de competitividade das Arenas do passado, onde o principal objetivo era vencer, a tendência é para persuasão.

Percebi que tenho "rabo preso" nesse holopensene do Direito. Senti muito incômodo durante o debate. Sensação de ter manipulado de maneira anticosmoética ideias e conceitos para angariar poder e satisfazer necessidades pessoais. Fiz intervenções conscienciais anticosmoéticas na área do Direito?

A sensação de ter manipulado ficou mais evidente quando percebi que atualmente tenho medo de convencer as pessoas. Evito dar opinião mais enfática, uma manifestação de cuidado excessivo na autexposição.

Diante disso, refleti sobre minha responsabilidade em esclarecer, ampliar a percepção do meu interlocutor e ao mesmo tempo ajudá-lo a pensar, refletir sobre o que transmito e fazer escolhas conscientes. Uma nova qualidade de intervenção consciencial, agora mais cosmoética, limpando o malfeito do passado.

Participar dos círculos mentaissomáticos favoreceu a autorreflexão. Ler, estudar e escrever sozinha é diferente de participar do debate em grupo, sempre rico em interconexões com as ideias dos presentes. Um enriquecimento neuronal.

Perguntava-me quando iria passar para o lado dos autores. Admiro muito quem escreve e sempre gostei de ler. Já fui autor ou autora em outra vida? O que escrevi? Receitas medicamentosas ou fórmulas venenosas?

Tinha uma ideia fixa quando era adolescente: "Se não ler, ficarei louca". De onde se origina esse pensamento? O fato é que tive muitos aportes intelectuais na infância, apesar de nascer em uma cidade com poucas escolas e sem bibliotecas.

Minha mãe sempre comprou livros e gibis. Incentivava a mim e as minhas irmãs a ler e escrever e prestava atenção às nossas produções escolares, as quais elogiava, nos motivando sempre. Desde pequena, ouvia as histórias dos livros infantis que ela nos contava, entre eles, a inesquecível coleção de Monteiro Lobato: "As Reinações de Narizinho".

Gosto do contato com os livros, com as palavras, as letras. Sempre que estou meio down, *leio algo positivo e tudo muda, é a técnica da mudança de bloco pensênico utilizando um livro. Percebi que a utilizava instintivamente desde pequena para fugir de muitas realidades desagradáveis.*

A responsabilidade pelo que se escreve é séria. Imagine o que escrevemos no passado e temos que desdizer agora nesta ressoma.

Por exemplo: o religioso que pregou a fé, agora fala de tares e de experimentação; o político que criou revoluções agora fala de reciclagens e pacificação íntima; a rainha ou rei que assinaram decretos defendendo seu país ou clã, agora escreve sobre universalismo e fraternidade; o místico, parapsíquico anticosmoético que ensinou bruxarias e feitiços para prejudicar pessoas, agora pode escrever livros de autocura.

A oportunidade de desdizer o que ensinamos – de maneira equivocada e anticosmoética no passado – é agora. Podemos replantar sementes de coragem, otimismo, esperança e discernimento para os futuros leitores. Limpar o rastro pensênico anticosmoético.

A partir do veio assistencial, é possível fazer um up grade *através da Tares. A experiência do Curso Intermissivo e o conhecimento das ideias da Conscienciologia são aportes recebidos e podem ser transformados em livros.*

O livro é uma cápsula do tempo imantada com ideias atratoras para conscin ressomante. Trazer as experiências pessoais de maneira técnica e escrever seu livro, falar o assunto sobre a ótica da assistência e colocar o assistido sempre à frente, eis o desafio.

CONTEXTUALIZAÇÃO

Definição. "O *Círculo Mentalsomático* é a reunião técnica, semanal, de pesquisadores conscienciológicos, autores e autorandos, com o objetivo de debater temáticas sob diferentes ângulos, perspectivas e abordagens, fundamentadas pela Ciência Conscienciologia" (Almeida; Freire; Sales, 2019, p. 11).

Objetivo. Com reuniões aos sábados, no horário das 09h às 10h50min, no *Tertuliarium,* CEAEC, o Círculo Mentalsomático visa ser o debatódromo mentalsomático da CCCI, o local onde se amadurece o entendimento das neoverpons, incentivador da produção de gescons libertárias dos pesquisadores conscienciológicos, autores e autorandos de livros.

Início. As atividades do Círculo Mentalsomático iniciaram em 7 de abril de 2012, são abertas ao público, não possuem pré-requisitos para participação e nem inscrição prévia. O interessado, pesquisador ou visitante, poderá acessar o *Tertuliarium* e participar do debate.

Temática. "O primeiro encontro foi destinado à realização de *brainstorms* de assuntos a serem tratados nos debates do Círculo Mentalsomático semanalmente. A cada sábado, diferente tema seria debatido, atendendo às sugestões do primeiro encontro ou conforme as conjunturas intra e extrafísicas demandassem aprofundamento" (Almeida; Freire; Sales, 2019, p. 12).

Temas. Os temas giram em torno de demandas do grupo, com objetivo de debater, esclarecer questões e ampliar o assunto. Alguns temas debatidos: Paz; Bem-estar; Voliciologia; Holopensene Pessoal Atrator; Escolhas Evolutivas; Livre Pensar; África; Desassédio Mentalsomático; Poder; Gratidão; Casal Incompleto.

Debate. A importância do debate está na promoção da expansão mentalsomática, o que ajuda na compreensão das neoideias. A leitura e a escrita seriam os primeiros passos para ajudarem o autor a pensar, mas é na participação do debate em grupo, onde ocorre intensa troca de informações, muito superiores aos adquiridos individualmente, que ocorrem a ampliação e conexões de ideias derivados dos novos ângulos de visão emergidos do grupo.

Expectativa. "A intenção é todos tirarem proveito, vantagens, resultados dos debates semanais. Inevitavelmente, os laços de amizade mentalsomática serão estreitados, além da interconfiança" (Almeida; Freire; Sales, 2019, p. 20).

Autorandos. A arquitetura interna do *Tertuliarium* é composta de 4 áreas divididas pelas letras A, B, C e D, onde, durante a semana, podem ser ocupadas por qualquer participante livremente. Porém, durante a atividade do círculo mentalsomático, a área "A" é restrita aos autores de livros, conscienciológicos ou não.

Localização. "A discriminação técnica do *Círculo Mentalsomático*, de colocar autores sentados de determinado lado do *Tertuliarium* e os autorandos de outro, é rígida, existem erros de ambas as partes, até os autores acabam se confundindo e sentando-se no outro lado, não somente os autorandos" (Almeida; Freire; Sales, 2019, p. 38).

Incentivo. Segundo o professor Waldo Vieira, isso é para dar "cotoveloma" nos que ainda não concluíram a sua gescon. É um incentivo à escrita dos participantes. O fato é que o número de autores da CCCI vem crescendo a cada ano.

Autorrevezamento. A questão da escrita conscienciológica é um dos pontos mais importantes desta proéxis. Serve como autorrevezamento, ou seja, se na próxima vida a conscin escritora acessar suas ideias da vida anterior, ficará mais fácil identificar sua personalidade consecutiva (a última personalidade) por comparação dos traços de temperamento, estilística e outros.

Assistência. A publicação também é importante do ponto de vista interassistencial. Ao escrever e deixar registrado, outras pessoas têm acesso à informação e podem alavancar sua evolução a partir da gescon do autor. O autexemplo grafado é uma ferramenta de esclarecimento ao grupocarma, público de assistência do autor.

Leitor. Após a dessoma, o autor ou autora poderá fazer assistência do extrafísico ao leitor da sua obra, com quem estará fazendo *rapport* através das ideias que estarão sendo acessadas.

Auto-herança. "Importa enfatizar ser o patrimônio intraconsciencial expresso nas autossuperações, autoburilamentos, autotrafores aplicados, autocoerência, autodiscernimento, entre outros, o legado evolutivo mais relevante deixado pela consciência a si mesma, na condição de autolegatária. Vale reforçar que, se todas essas reciclagens estiverem registradas e publicadas em um livro esclarecedor, interassistencial, maior valor terá essa auto-herança. *Livro pessoal: autolegado*" (Manfroi, 2017, p. 168).

Continuísmo. Essa atividade mentalsomática, de alto nível, continua vigente após a dessoma do seu propositor, o professor Waldo Vieira (2015). Sinal de que a cultura do debate útil e interassistencial se fixou no mentalsoma dos cognopolitanos.

Informações. No *site* do ICGE (Instituto Cognopolitano de Geografia e Estatística) estão disponibilizados para *download* alguns resumos dos temas debatidos e no livro: *Círculo mentalsomático,* lançado em 2019, é possível acessar o registro histórico dos 10 primeiros encontros.

O *CÍRCULO MENTALSOMÁTICO* ***É A REUNIÃO DE*** *AUTORES* ***E*** *PRÉ-AUTORES* ***CONSCIENCIOLÓGICOS COM OBJETIVO DE ALCANÇAR O*** *COMPLÉXIS GESCONOLÓGICO* ***TARÍSTICO.***

7. 500 VERBETÓGRAFOS

"O **verbetorado** fixa o processo evolutivo da Reurbexologia."
Waldo Vieira (2014b, p. 1684)

RELATO

Sentindo-me pronta para a mudança rumo a Foz do Iguaçu em 2014, decidi escrever um verbete para a Enciclopédia da Conscienciologia; o tema escolhido foi "Alegria". Seria meu primeiro verbete, queria um tema que me fosse familiar, pois sabia que aprender a escrever no confor da Enciclopédia não era fácil.

Vasculhei os temas já defendidos no sentido de verificar se as emoções básicas já haviam sido abordadas. O tema da "Alegria" estava liberado e o escolhi como desafio para tornar-me enciclopedista da Conscienciologia.

Participei do curso EAD de Verbetografia, em 2013, ainda morando em Salvador, o que me ajudou muito no desassédio mentalsomático para a grande empreitada de chegar à Cognópolis de Foz do Iguaçu.

A defesa do primeiro verbete foi uma experiência ímpar. Sensação de plenitude, de dever cumprido. Durante a defesa do verbete é possível perceber o acoplamento com os amparadores e o fluxo de ideias extras patrocinado por estes com intuito de ajudar o verbetógrafo na assistência tarística.

Experimentei uma semidescoincidência dos veículos de manifestação com expansão mentalsomática durante a apresentação. Pensava mais rápido e o fluxo dos pensamentos e conceitos estavam mais claros e organizados.

O holopensene do Tertuliarium *é um agente facilitador dessa expansão, mesmo em momentos em que só assisti a outras defesas de verbetes ou debates neste local, percebi que organizo melhor as ideias e o fluxo de pensamentos se instala de maneira positiva e rápida.*

Em 2015, apresentei o segundo verbete Maratona Proexológica, *fruto das minhas experiências no CEAEC. Já me senti mais amadurecida em relação aos conceitos da Conscienciologia e mais fixada no holopensene cognopolita. Efeitos dos autesforços empreendidos durante 1 ano de moradia na Cognópolis.*

Consegui estar entre os 500 verbetógrafos, indício de ligação grupocármica com essas 499 consciências. Do meu grupocarma familiar está presente entre estes, Guilherme Matos, meu segundo filho, com o verbete Apetência Invexológica.

Na defesa do verbete de autoria de Guilherme, estive ao seu lado. As percepções parapsíquicas identificadas por mim foram no sentido de atração de um grupo de consciexes do passado relacionado a perseguições por defesa de ideias. Algumas muito alteradas, reivindicadoras; outras ainda com medo de retaliações (ter a cabeça cortada). Talvez estivéssemos juntos a esse grupo em alguma ação revolucionária e, na defesa do verbete, atraímos essas consciexes para serem encaminhadas.

A condição da escrita tarística é imprescindível para o desassédio mentalsomático. O escritor passa a reorganizar suas sinapses e a construir neossinapses a partir do hábito da escrita diária.

Com o neo-hábito da escrita diária, um ciclo homeostático crescente de desassédio poderá se instalar: a escrita promove o desassédio do escritor e o autodesassédio do escritor ajuda a estruturar a escrita.

Entre os fatores desassediantes na escrita do verbete da Enciclopédia da Conscienciologia, está a chapa verbetográfica recebida como modelo para o verbetógrafo. Ela é bem estruturada, favorecendo o encadeamento de ideias do verbete de maneira lógica e fluida.

Alguns iniciantes reclamam que perdem a criatividade ao usar a chapa verbetográfica, outros se identificam e percebem que a chapa facilita o trabalho de criação. Coloco-me no segundo grupo.

Outro fator desassediador na escrita do verbete é o posicionamento do verbetógrafo. Ao escrever para a Enciclopédia da Conscienciologia e fazer a defesa do verbete no Tertuliarium, *o verbetógrafo posiciona-se quanto às ideias pessoais. Seu grupo do passado, conscins ou consciexes podem estranhar a situação e se afastar. Ou poderão se interessar e envolverem-se com as neoverpons. É o exemplarismo assistencial.*

Percebi esse fato quando ingressei na monitoria no Tertuliarium. *Durante a defesa dos verbetes, era perceptível a mudança do campo energético. Em algumas defesas, era nítida a sensação de que a plateia de consciexes era imensa. Em outras, se instalava um campo de pacificação e mentalsomaticidade. Dependia muito do assunto exposto.*

Algumas conscins e consciexes não gostam da companhia de escritores tarísticos. As ideias e holopensene que vai se formando em volta do verbetógrafo pode ficar salutar a ponto de afastar a companhia de consciexes preguiçosas, amauróticas, ignorantes e anticosmoéticas.

Algumas consciexes são recalcitrantes, não se deixam influenciar tão facilmente por uma nova ideia, mesmo que venha de antigo laço de amizade. Ao escrever e debater, o papel do verbetógrafo foi feito, cabe aos demais sua escolha de mudança e de patamar evolutivo. É o livre-arbítrio.

CONTEXTUALIZAÇÃO

Enciclopédia. A *Enciclopédia da Conscienciologia* é um projeto grupal, dinâmico e contínuo, proposto pelo pesquisador Waldo Vieira em 2007.

Abertismo. O primeiro verbete debatido foi *Abertismo Consciencial*, no dia 9 de agosto de 2005. Os verbetes inicialmente possuíam 28 seções. Essas foram aumentando gradativamente, até atingir o número atual de 70 seções (Ferraro; Arakaki, 2012, p. 365).

Legado. Segundo Vieira (2014a, p. 877-878), a Serenona Monja, em uma madrugada, o instigou a pensar sobre a sua responsabilidade e a dos voluntários de deixar o legado do *corpus* de conhecimentos multidimensionais da Conscienciologia para a Humanidade, desafio nunca antes alcançado por nenhum Serenão no planeta Terra.

Empreendimentologia. "Às 3 e 15 de silenciosa madrugada, senti a presença da Serenona, de codinome "Monja", que telepatizou: – *Em toda a História Humana, nenhuma consciência, inclusive essas que você chama de Serenões, chegou a deixar o legado do* corpus *de conhecimentos multidimensionais da Conscienciologia para a Humanidade. Olhe as suas responsabilidades pessoais no contexto desse empreendimento com os seus voluntários*" (Vieira, 2014a, p. 877).

Desafio. A partir disso, ele reiterou a convocação franca dos voluntários da Conscienciologia para juntos alcançarem o mínimo de *500 verbetógrafos da Enciclopédia da Conscienciologia.*

Voluntariologia. "Temos 80 autores com livros publicados (Ano-base: 2013) entre os voluntários do Holociclo do *Centro de Altos Estudos da Conscienciologia* (CEAEC). Queremos levar tal número, se for possível, para 500 autores na Enciclopédia da Conscienciologia. Não é grande pretensão. Contudo, estamos dependentes dos candidatos e candidatas a neoautores raciocinarem por si, procurando as ideias novas pessoais e conscienciológicas. Prosseguimos tentando ajudar segundo nossas possibilidades" (Vieira, 2014a, p. 1068).

Neoverbetógrafos. "A partir de 2 de setembro de 2010, os primeiros 17 neoverbetógrafos defenderam 20 verbetes (verbetes 1.680 a 1.699). Em 17 de fevereiro de 2011, teve início uma nova leva de 20 verbetes de neoverbetógrafos (verbetes 1.843 a 1.862). Em 29 de março de 2011, outra leva de 60 verbetes de neoverbetógrafos (verbetes 1.883 a 1.942); totalizando 100 neoverbetes de 77 neoverbetógrafos (Data-base: maio de 2011). Em 2 anos, já são 175 enciclopedistas (Data-base: 20.09.2012)" (Ferraro; Arakaki, 2012, p. 369).

Meta. Alcançada em 2015, a meta dos 500 verbetógrafos foi o marco da assunção da coautoria de responsabilidade dos intermissivistas para a reurbanização extrafísica por meio da difusão das ideias da Conscienciologia no Planeta.

Definologia. "Os *quinhentos verbetógrafos* são o grupo de conscins, homens e mulheres, coautoras de verbetes técnicos da *Enciclopédia da Conscienciologia*, compondo a megagescon grupal da *Comunidade Conscienciológica Cosmoética Internacional* (CCCI), em consonância com a Maxiproexologia e a Pararreurbanologia Planetária" (V. **Daou,** Dulce; ***Quinhentos Verbetógrafos;*** verbete; In: **Vieira,** Waldo; Org.; ***Enciclopédia da Conscienciologia;*** verbete apresentado no *Tertuliarium / CEAEC,* Foz do Iguaçu, PR, em: 12.08.2016).

Comemoração. Em comemoração à meta alcançada, uma equipe técnica, sob a coordenação geral da *Encyclossapiens* (Dulce Daou e Rosa Nader), materializou o projeto concebido por Cida Nicolau, o catálogo dos 500 verbetógrafos.

Catálogo. Esse catálogo é composto pela biografia de cada verbetógrafo, no qual constam dados biografológicos, intrafisicológicos, profissiológicos, proexológicos, pesquisológicos, autoradológicos e verbetografológicos e os títulos de verbetes desses coautores publicados até 31 de agosto de 2015.

Reurbanologia. "A verbetografia reflete, portanto, a vivência dos intermissivistas ao explicitar o percentual de *inteligência evolutiva* (IE), de reciclagens intraconscienciais (recins) e de neoposicionamentos pessoais ante a divulgação e sustentação do *Paradigma Consciencial,* chancelando a reurbanização extrafísica (reurbex)" (Daou; Nader, 2016, p. 23).

Autexposição. Através da escrita e defesa dos verbetes da Enciclopédia da Conscienciologia, os autores podem trazer sua experiência, colocando-a no conteúdo e forma (confor) da Enciclopédia e durante a defesa, assistir a muitas consciências interessadas no assunto em todo o mundo.

Diária. O número de neoverbetógrafos não para de crescer. Todos os dias um verbete é defendido no *Tertuliarium,* das 12h30 às 14h15. A transmissão é feita ao vivo pela *internet* para qualquer pessoa que acesse o *site* das tertúlias.

Tertuliarium. O *Tertuliarium* é a estrutura física onde acontecem as defesas diárias dos verbetes. Conta com uma equipe de voluntários responsáveis pelo receptivo, organização do local, transmissão e gravação das Tertúlias.

Espremedor. "A estrutura externa do *Tertuliarium* lembra o espremedor de frutas, sendo denominado pelo professor Waldo Vieira como espremedor de cérebros. Por dentro, de alguns ângulos, assemelha-se a nave espacial" (Ferraro; Arakaki, 2012, p. 367).

Visitação. Os visitantes do Tertuliarium são estudantes do ensino fundamental, secundário, universitário e cursos técnicos, grupos de terceira idade, de moradores locais, além de autoridades e de personalidades destacadas na socin.

Megauditório. "O espaço, com lotação para 346 pessoas sentadas, possibilita visibilidade do espaço central a partir de qualquer lugar. As cadeiras são fixas, com pranchetas de apoio para notebooks com tomadas próximas, microfones distribuídos nas fileiras. Além disso, há boa infraestrutura de banheiros, de exaustores, de refrigeração e de calefação, de salas de apoio, de camarim do professor, de púlpito para divulgação, de hall de entrada com expositores, de rampa, dentre outras facilidades" (Ferraro; Arakaki, 2012, p. 367).

Tertulianos. Os tertulianos são os que assistem presencialmente à defesa do verbete no *Tertuliarium*, estes podem fazer perguntas ao verbetógrafo usando o microfone.

Teletertulianos. Os teletertulianos são os que participam *on-line* e podem enviar perguntas pelo *site* da tertúlia. Essas são lidas e respondidas, pelo mediador ou pelo verbetógrafo, ao vivo. Os tertulianos podem colaborar para o debate da pergunta em questão.

Mediador. O mediador é o voluntário da Conscienciologia que fica sentado no centro do *Tertuliarium*, em frente ao verbetógrafo do dia. É o responsável por mediar as perguntas presenciais e *on-line*, sendo essas últimas trazidas pelo monitor e lidas para o verbetógrafo do dia respondê-las ao vivo.

Paratertulianos. Além das conscins presentes intrafisicamente na defesa dos verbetes, observa-se um parapúblico especial, os paratertulianos. Essas consciexes podem ser acompanhantes de algum tertuliano presente, do verbetógrafo do dia, ou trazidas pelos amparadores para serem esclarecidas pelo tema em debate.

Estrutura. Para sustentar toda essa produção gesconológica, duas equipes estão envolvidas diretamente. A equipe da *Encyclossapiens* e a equipe do *Tertuliarium.*

Tertuliarium. A equipe do *Tertuliarium* é composta de monitores responsáveis: pelo encaminhamento das perguntas dos teletertulianos, que chegam pela internet, são impressas e entregues ao mediador; pelo acolhimento do público novato; anúncio das pontuações do dia; e pela equipe de transmissão responsável pela transmissão ao vivo, gravação e *site* das tertúlias.

Encyclossapiens. A *Encyclossapiens* – Associação Internacional de Enciclopediologia Conscienciológica composta por voluntários é responsável pela coordenação dos estudos, pesquisas, ensino, produção, revisão, defesa e divulgação dos verbetes da *Enciclopédia da Conscienciologia.*

Programa. Para apoio aos verbetógrafos, existe o *Programa Verbetografia*, composto por aulas presenciais e em EAD que ensinam e esclarecem dúvidas sobre a construção do verbete. Um tipo de assistência mentalsomática. Para participar, o aluno deverá ter o título de verbete aprovado pela equipe antes ou durante o curso.

Neoverbete. Os novos verbetes passam por uma sequência de passos até chegarem a ser debatidos e defendidos. O primeiro passo é enviar por *e-mail* a proposta do verbete – com o título, a respectiva especialidade e definição – para ser analisada pela equipe da *Encyclossapiens.*

Escrita. Se aprovada a proposta, o verbetógrafo escreve o verbete usando a chapa verbetográfica da Enciclopédia. Ao término da escrita, o verbete é enviado para equipe de revisores e, após liberação pode ser defendido em dia e hora marcados pela equipe da IC.

Direitos. No dia da defesa do verbete, o verbetógrafo assina um documento cedendo os direitos autorais e de divulgação de imagem da defesa do verbete para a Enciclopédia da Conscienciologia.

Exemplarismo. O enciclopedismo tarístico dos neoverbetógrafos chancela o amadurecimento mentalsomático do grupo através do exemplarismo recinológico e autexpositivo. A Enciclopédia da Conscienciologia é o prolongamento do Curso Intermissivo e não tem prazo para ser concluída.

O ALCANCE DA *META* **GRUPAL DOS** *500 VERBETÓGRAFOS* **REPRESENTA** *EFICÁCIA* **E** *ACURÁCIA* **MAXIPROEXOLÓGICA DOS INTERMISSIVISTAS** *NEOVERBETÓGRAFOS* **EXEMPLARISTAS.**

8. Voluntariado Profissional

"O voluntariado conscienciológico é uma **dádiva evolutiva**. No voluntariado, a conscin julga que está ajudando, mas é a mais ajudada em suas atividades."

Waldo Vieira (2014b, p. 1715)

RELATO

Hoje, dia 17.10.2014, faz 8 meses e 10 dias que moro em Foz do Iguaçu, no Condomínio Integração. Posso ir a pé para o CEAEC, o que muito me agrada. No caminho aproveito para circular as energias, observar a paisagem, os animais, o canto dos pássaros e me conectar com o amparo.

O CEAEC funciona como uma grande praça pública, onde os voluntários da Cognópolis-Foz se encontram entre as atividades diárias: voluntariado, cursos, tertúlias e refeições. São comuns as cenas de voluntários que chegam de outros locais e se reencontram com antigos conhecidos no pátio ou no estacionamento.

Gosto deste local e aproveito bastante a energia imanente das trilhas ecológicas para me revitalizar. O pôr do sol é bonito: visto de trás do Tertuliarium dá para observar o sol se despedindo no horizonte; ao longe, o condomínio Villa Conscientia, os laboratórios e o nome CEAEC, moldado em cimento e impresso no chão, a cor branca sobressaindo do gramado verde. Essa vista me remete à lembrança de alguma comunex.

Estar aqui é o que há de mais prazeroso para mim neste momento evolutivo. Sinto-me agradecida pela oportunidade da troca de conhecimentos, das amizades evolutivas e das chances de reciclagens íntimas. Voluntariar na Cognópolis tem como vantagem a possibilidade de ficar imersa em holopensene de cultura multidimensional, o que fortalece as investidas no crescimento intraconsciencial.

Quando comparo minha atuação no voluntariado do IIPC em Salvador e o voluntariado no IIPC na sede em Foz, percebo que a grande diferença não está na função, mas na decisão de mudança vitalícia para uma Cognópolis, o que transforma todo o panorama.

Em Salvador, o voluntariado acontecia encaixado dentro da antiga rotina. As amizades, família e trabalho continuavam os mesmos, com o acréscimo das novas ideias e crescente vivência do Paradigma Consciencial dentro de um holopensene mais intrafisicalizado.

A escolha do voluntariado na Cognópolis, local diferente da antiga moradia, trouxe uma série de circunstâncias a serem consideradas. Mudança radical de vida: estado, cidade, trabalho, cultura, amizades, ritmo de estudo e escrita. Além da intensificação da vivência diária do Paradigma Consciencial, holopensene facilitador do foco na intraconsciencialidade.

Voluntariar dentro da Cognópolis intensifica o contato diário das ações baseadas na multidimensionalidade. Há uma saturação mental promovida pelas variadas atividades: debates, conversas informais, dinâmicas parapsíquicas, cursos de campo, o estímulo à escrita e à autopercepção mais acurada e minuciosa dos veículos de manifestação, a busca na identificação da sinalética energética pessoal.

Fica nítida a sensação de abastecimento e bem-estar proporcionado pelo bolsão energético. Isso favorece a economia de energia que pode ser direcionada para a assistência e para as recins.

Atualmente (2014) voluntario no IIPC e no CEAEC, duas ICs que recebem muitas pessoas de primeiro contato com a Conscienciologia. Gosto do voluntariado e chego à conclusão que realizar tarefas e exercer funções tendo como base a interassistencialidade e não o retorno financeiro influencia consideravelmente a forma de pensar a vida, as relações e cria neossinapses assistenciais.

Sempre me inquietei com a possibilidade de apenas nascer, crescer e morrer... Era tão pouco, casar, trabalhar, ter filhos, construir um patrimônio e morrer. Vazio e angustiante!

Ao encontrar as ideias do espiritismo e depois da Conscienciologia, saí dessa angústia e da sensação de vazio. Abriu-se um leque de opções e a certeza de que muita coisa pode ser feita em prol da evolução de todos. O voluntariado conscienciológico mudou a ótica de pensar a vida.

Nesse sentido, a dedicação no desenvolvimento das capacidades interassistenciais no limite avançado da autocognição e disponibilidade diária; a necessidade de pensenizar seriexologicamente; respirar compreensão e empatia no dia a dia têm enriquecido minha atuação assistencial.

Na função de executiva do ECP1 – Curso de Extensão em Projeciologia e Conscienciologia 1, *no IIPC Sede – percebo que a organização de um evento conscienciológico exige disciplina, foco, capacidade de desassim e assistencialidade. Cada pensene e cada ação, ou falta desta, influenciará o grupo e o evento. É um jogo dinâmico em que a contribuição de cada voluntário da equipe interfere de maneira positiva ou negativa no evento. Essa leitura abre novas perspectivas do voluntariado, pois é nesse exercício diário que se adquire mais estofo energético, e onde a capacidade de desassédio é treinada. É um estágio para conquista da desperticidade, condição* sine qua non *para atuação na liderança interassistencial.*

Sem as reciclagens dos trafares fica impossibilitado o contato estreito com as consciências de padrão mais patológico, nosso público-alvo a ser assistido hoje, e os antigos amigos que deixamos para trás na baratrosfera os quais iremos resgatar no próximo período intermissivo.

Talvez em nenhuma outra existência tenhamos tido a oportunidade de realizar um voluntariado profissional e interassistencial como agora na Conscienciologia.

Ao mesmo tempo em que fazemos assistência, somos beneficiados por novas aprendizagens, novos relacionamentos, recomposições grupocármicas, reciclagem de traços de temperamento e pela atuação ombro a ombro com os amparadores.

O discernimento e a lucidez tendem a se ampliar na convivência grupal, se a conscin voluntária consegue desenvolver a pacificação íntima diante dos autoconflitos e heteroconflitos que surgem na execução do trabalho voluntário.

Se a liderança interassistencial é a meta, há necessidade de investimento nessa etapa de treinamento da convivência grupal sadia no exercício do voluntariado conscienciológico.

CONTEXTUALIZAÇÃO

Tares. O voluntariado conscienciológico está diretamente relacionado à tarefa do esclarecimento (tares), baseada no *Paradigma Consciencial*. A vivência do Paradigma Consciencial poderá promover mudanças radicais na vida da conscin a partir da teática assistencial.

Definologia. "O voluntário da Conscienciologia é a pessoa física realizando trabalho ou atividade não remunerada, com vínculo consciencial, em Instituição Conscienciocêntrica (IC), por estar comprometida com a evolução cosmoética e assistencial de todas as consciências" (Vieira, 2007, p. 2126).

Entrada. O IIPC é uma IC de entrada para muitos voluntários da Conscienciologia, pois existem núcleos espalhados pelo Brasil e exterior. Geralmente, as pessoas são convidadas para uma palestra pública onde é explicado o Paradigma Consciencial. Este momento é decisivo, a pessoa pode ter vontade de sair correndo da sala ou apreciar grandemente o que está ouvindo.

Intermissivista. Quem aprecia as ideias no primeiro momento e se interessa por aprofundar, geralmente é intermissivista, ou seja, participou de Curso Intermissivo durante seu último período no extrafísico.

Cursos. No IIPC, é oferecida, aos interessados, uma matriz de opções de cursos de entrada para conhecimento e aprofundamento na Conscienciologia e Projeciologia. Se depois destes a pessoa se interessar em ser voluntária, inscreve-se no curso ECP1. Ao término do curso o aluno recebe uma carta-convite ao voluntariado.

Voluntário. O novo voluntário é recebido no núcleo que deseja voluntariar e assina um termo de adesão com todas as cláusulas explicativas do processo a que se propõe. A saída do voluntariado também é marcada por um documento, um termo de desligamento da atividade voluntária. Assim, fica estabelecido o vínculo consciencial do neovoluntário.

Vínculo. "O *vínculo consciencial* é a aplicação dos liames do voluntário, homem ou mulher, na vida humana, notadamente na família consanguínea, no círculo social de amizades e nos trabalhos da empresa humana ou da Instituição Conscienciocêntrica (IC), sem o vínculo empregatício convencional" (V. **Vieira,** Waldo; ***Vínculo Consciencial;*** verbete; In: **Vieira,** Waldo; Org.; ***Enciclopédia da Conscienciologia;*** verbete apresentado no *Tertuliarium / CEAEC,* Foz do Iguaçu, PR, em: 16.07.2008).

ICs. Hoje (Ano-base: 2019), existem 24 Instituições Conscienciocêntricas (ICs) espalhadas pelo Planeta. Atualmente muitos voluntários acessam a Conscienciologia também através de outras ICs, além do IIPC. Mas o procedimento relacionado com documentos é o mesmo. O voluntário fica ciente do seu papel naquela instituição.

UNICIN. A integração e união entre as ICs se estabelece através da UNICIN, instância de articulação cosmoética atuante entre os voluntários da Conscienciologia e os organismos conscienciocêntricos da CCCI.

Definição. A *UNICIN – União das Instituições Conscienciocêntricas Internacionais* – é a associação multidimensional, de caráter assistencial, parapolítico, científico, educacional, não econômico, transnacional e universalista, regida por estatuto específico e pelas normas legais pertinentes, fundada em Foz do Iguaçu, em 22 de janeiro de 2005, com o objetivo de promover a integração da *Comunidade Conscienciológica Cosmoética Internacional* (CCCI), com vistas à maxiproéxis grupal (V. **Conceição,** Izabel; ***UNICIN;*** verbete; In: **Vieira,** Waldo; Org.; ***Enciclopédia da Conscienciologia;*** verbete apresentado no *Tertuliarium / CEAEC,* Foz do Iguaçu, PR, em: 05.08.2011).

Estrutura. A UNICIN está estruturada em órgãos sociais, inspirada no modelo de estrutura organizacional da Organização das Nações Unidas (ONU), dando suporte técnico-operacional aos voluntários diretos e indiretos da CCCI. Eis, em ordem numérica, os órgãos que a compõe:

1. Colegiado de Intercooperação

2. Assembleia Geral
3. Secretariado: Secretário-Geral e Comitês
4. Conselhos
5. Comissões Técnicas

Colegiado. O Colegiado de Intercooperação constitui Fórum de Debates de temas que venham impactar na vida dos cognopolitas, dos pesquisadores e demais voluntários que integram a Comunidade Conscienciológica Cosmoética Internacional (CCCI)[1].

Conselho. Os representantes dos setores de voluntariado das ICs compõem o *Conselho de Intervoluntariado*, órgão que atua de maneira integrada na construção e manutenção do voluntariado conscienciológico.

Profissionalismo. O voluntariado na Conscienciologia requer profissionalismo, envolve a realização de tarefas baseada nos talentos evolutivos da pessoa. Esta poderá colocar em prática todo seu potencial adquirido em várias vidas a favor da sua evolução e das outras consciências através da tares.

Taristicologia. "A vida intrafísica atual da conscin intermissivista é superior, quanto às possibilidades de realizações evolutivas, a todas as suas existências pretéritas. *Tares: antitabuísmo evolutivo. Aviso é profilaxia. Exemplo é realização*" (Vieira, 2014a, p. 1066). Eis, em ordem alfanumérica, 4 atributos qualificadores da assistência, que o voluntário poderá desenvolver ao longo do seu percurso:

1. **Autorganização.** Ao voluntariar segundo o Paradigma Consciencial, o intermissivista terá que desenvolver ou qualificar a autorganização. O uso adequado dos recursos disponíveis para o voluntariado, tanto do ponto de vista do seu tempo, espaço, consciências a serem assistidas, como também do uso adequado do seu holossoma.

2. **Disciplina.** A responsabilidade quanto ao tempo e à dedicação ao voluntariado a que se propôs. Precisa levar o voluntariado "de eito", junto com as outras áreas da sua vida (profissão, família, parceiro), sem negligenciar nenhuma. Isso exige disciplina.

[1] http://unicin.org/pt/unicin/orgaos-sociais/.

3. **Neofilia.** Desenvolver postura neofílica na tarefa do voluntariado, incluindo o *Paradigma Consciencial* em tudo o que faz, fala ou percebe.

4. **Parapsiquismo.** Ao dedicar-se à tarefa do esclarecimento, esse voluntário atrai o seu grupo a ser assistido, ou seja, consciências ligadas a ele pela lei da afinidade. As consciências atraídas são assistidas pelo trabalho com as energias, isso desenvolve o estofo energético e amplia o parapsiquismo do assistente.

Desassédio. Ao exercitar assistência através do acoplamento energético com as consciências mais patológicas e assimilar conteúdos, há necessidade de utilizar técnicas de desassédio a fim de promover e manter a higiene consciencial e manter a homeostase holossomática.

Desassim. A desassim é uma técnica utilizada para a desassimilação das energias conscienciais perturbadoras. O exercício da *assim-desassim* é prioritário na manutenção da saúde consciencial do voluntário, evitando intoxicações energéticas.

Técnicas. Eis, 2 manobras energéticas, em ordem alfanumérica, utilizadas usualmente pelos voluntários da Conscienciologia na promoção e manutenção da homeostase holossomática:

1. **EV.** O Estado Vibracional consiste em dar o comando e pela vontade firme, circular as energias do alto da cabeça aos pés, com velocidade crescente até alcançar o estado vibracional.

2. **MBE.** A Mobilização Básica das Energias consiste na movimentação, exteriorização e absorção das energias através da vontade.

Interassistência. Ao exercer o voluntariado conscienciológico, vivenciando o Paradigma Consciencial, promovendo as reciclagens íntimas dos seus traf*a*res, a conscin ao mesmo tempo em que faz a assistência recebe assistência, tanto dos amparadores como dos assistidos. É o princípio da interassistência.

Amparo. A equipe de amparadores (equipex) atua junto à equipe de voluntários (equipin) na assistência cosmoética as outras consciências.

Definição. "*Amparo extrafísico* é a realização da assistência (amparação, apoio, ajuda, auxílio, arrimo, suporte, sustentáculo) evidente dos amparadores extrafísicos, capazes de atuar de modo sadio e universalista, não manipulador, junto às manifestações ordinárias do dia a dia intrafísico da conscin, quando já detentora de méritos cosmoéticos óbvios, na execução e desenvolvimento da programação existencial (maxiproéxis) pessoal" (V. **Vieira,** Waldo; ***Amparo Extrafísico;*** verbete; In: **Vieira,** Waldo; Org.; ***Enciclopédia da Conscienciologia;*** verbete apresentado no *Tertuliarium / CEAEC,* Foz do Iguaçu, PR, em: 21.02.2006).

Evolução. O entendimento do voluntário sobre a premissa de que a autopesquisa colabora para o fortalecimento da ciência Conscienciologia e para sua evolução muda a relação com o voluntariado. Fatos e parafatos orientando as pesquisas.

Autopesquisa. A autopesquisa torna-se objetivo e fim, importante para promoção da profissionalização no voluntariado. Não basta exercer funções de maneira robotizada e amaurótica, cada ação envolve uma pensenidade a ser entendida. *Somos consciências multidimensionais* (Vieira, 2014a, p. 1071).

Conscienciometria. O aprofundamento da autopesquisa envolve uma das especialidades da Conscienciologia chamada Conscienciometrologia. A metria da consciência através da classificação dos seus traços de manifestação (traf*o*res, traf*a*res e traf*ais*). Também envolve a meta do uso adequado dos veículos de manifestação, o holossoma.

Conscienciograma. O livro Conscienciograma, de autoria do professor Waldo Vieira, propõe 2.000 perguntas que, ao serem respondidas, oferece um retrato da autopercepção do pesquisador naquele momento evolutivo.

Gráfico. O pesquisador poderá utilizar a planilha, desenvolvida por voluntários da CONSCIUS, e obter um gráfico 360°, relacionando sua classificação à escala evolutiva das consciências.

Autodiagnóstico. A partir da conscienciometria o pesquisador chegará a alguns diagnósticos sobre si, indicando traf*o*res e traf*a*res. Os traf*a*res autodiagnosticados devem ser reciclados, para isso utilizam-se ações de autenfrentamento, que podem ser técnicas ou neoposturas terapêuticas.

Autodesassédio. Para a conscin promover o resgate dos amigos deixados para trás na Baratrosfera, há que estar em dia com o autodesassédio. A pensenidade deverá estar ajustada e coesa com esse propósito.

Passado. Os surtos de autoculpa, vitimização, egoísmo e arrogância serão âncoras que deixarão a pensenidade presa no passado patológico que vivenciou junto a esse grupo, por essa razão, não será possível o resgate e o socorro das consciexes.

Autoconsciencioterapia. O investimento na autoconsciencioterapia é imprescindível na reciclagem dos traf*ar*es e do mecanismo de funcionamento patológico, revertendo este último em mecanismo de funcionamento homeostático no dinamismo da autevolução.

Recin. O objetivo final é a promoção da reciclagem íntima (recin), intraconsciencial, desses traços. A partir das inúmeras recins, pode-se alcançar a condição da desperticidade.

Desperticidade. A conquista da desperticidade é gradativa e depende de vários fatores, sendo a assistência cosmoética um dos mais importantes. O voluntariado conscienciológico ao proporcionar o exercício e a vivência do parapsiquismo interassistencial, funciona ao modo de Escola de Despertos.

Escola. A *Escola de Despertos* é o ambiente intrafísico específico ou instituição conscienciocêntrica, multidimensional, otimizado ao desenvolvimento da autodesassedialidade permanente total (autodesperticidade), a partir do parapsiquismo interassistencial (V. **Nonato,** Alexandre; ***Escola de Despertos;*** verbete; In: **Vieira,** Waldo; Org.; ***Enciclopédia da Conscienciologia;*** verbete apresentado no *Tertuliarium / CEAEC,* Foz do Iguaçu, PR, em: 17.07.2014).

Ritmo. A partir da implementação das ideias, vivência do *Paradigma Consciencial* e aplicação de técnicas evolutivas, a conscin intermissivista lúcida, voluntária da Conscienciologia, imprime um novo ritmo à sua vida intrafísica, (neorrotina) e em sua evolução.

Neorrotina. "A *Neorrotinologia* é a Ciência aplicada aos estudos específicos, sistemáticos, teáticos ou pesquisas e vivências da quebra da rotina existencial, construindo, a partir daí, a renovação ou a reciclagem existencial, através de neoverpons e o casamento da neoexperiência com a neorrotina" (Vieira, 2014a, p. 1072).

Neoexperiências. A vivência da neorrotina quebra a apriorismose, normose, fechadismo de quem ainda dormita nas rotinas inúteis e estão mergulhados na cultura do achismo e da fé, promovendo as neoexperiências existenciais.

Estagnação. Se antes a conscin aguardava as mudanças ou o destino decidirem o rumo da sua vida, a partir da aplicação de técnicas evolutivas, ocorre a antecipação das reciclagens.

Técnicas. O posicionamento lúcido, quanto à aplicação de técnicas evolutivas, envolve o conhecimento das singularidades das técnicas e reflexão sobre o próprio ritmo evolutivo.

Procedimentos. Eis, 2 *técnicas evolutivas,* instrumentos facilitadores e catalisadores da autevolução, possíveis de serem utilizadas pelos inversores e reciclantes existenciais:

1. **Recéxis.** "A *técnica da recéxis* é o conjunto de procedimentos pró-evolutivos de reperspectivação da vida humana adotado pela conscin, homem ou mulher, fundamentado no Paradigma Consciencial e inserido na cotidianidade pessoal de modo voluntário, objetivando catalisar o autodesempenho proexológico, com vistas ao compléxis" (V. **Ramiro,** Marta; ***Técnica da Recéxis;*** verbete; In: **Vieira,** Waldo; Org.; ***Enciclopédia da Conscienciologia;*** verbete apresentado no *Tertuliarium / CEAEC,* Foz do Iguaçu, PR, em: 25.09.2013).
2. **Invéxis.** "A *técnica da invéxis* é o planejamento técnico máximo da vida intrafísica, fundamentado na Conscienciologia, aplicado pela conscin, homem ou mulher, desde a juventude, com autodedicação consciente à realização da proéxis, visando à dinamização autevolutiva, o exercício precoce da Assistenciologia e o compléxis" (V. **Paskulin,** Marcelo; ***Técnica da Invéxis;*** verbete; In: **Vieira,** Waldo; Org.; ***Enciclopédia da Conscienciologia;*** verbete apresentado no *Tertuliarium / CEAEC,* Foz do Iguaçu, PR, em: 13.07.2019).

Maturidade. A maturidade da consciência independe da idade cronológica, porém depende do amadurecimento físico (cerebral) para se manifestar. A escolha da aplicação da *técnica da invéxis* ou da *técnica* *da recéxis* dependerá do momento de vida ou do *ritmo evolutivo* da conscin.

Facilitador. "A *técnica da recéxis* é um meio facilitador do autodesempenho proexológico tanto para os pré-adolescentes com impossibilidade de experimentarem a técnica da invéxis quanto para as conscins prestes a ingressarem na fase executiva da realização da proéxis" (Ramiro, 2018, p. 33).

Evitações. Os inversores que iniciam o exercício da interassistência ainda jovens devem ter o cuidado com as posturas antievolutivas capazes de desvios proexológicos. O voluntariado conscienciológico ajuda no direcionamento das atividades pró-evolutivas.

Definologia. "As *evitações na invéxis* são os atos ou posturas evitadas lucidamente pela conscin, inversor ou inversora, visando à profilaxia de desvios e acidentes de percurso, resultando na priorização máxima da programação existencial assistencial atacadista" (V. **Matos,** Guilherme; ***Evitações na Invéxis;*** verbete; In: **Vieira,** Waldo; Org.; ***Enciclopédia da Conscienciologia;*** verbete apresentado no *Tertuliarium / CEAEC,* Foz do Iguaçu, PR, em: 23.08.2019).

Benefícios. Mais tarde, a conscin colhe os efeitos positivos desse investimento. Descobre que beneficiou a si e ao seu grupocarma no movimento de autorreciclagem.

Minipeça. O voluntariado conscienciológico otimiza o exercício da minipeça lúcida. Os cursos e eventos organizados pelas equipes são, em sua essência, grupais. O voluntário faz as tarefas individualmente, mas estas reverberam no grupo. É a aprendizagem da atuação cosmoética dentro da engrenagem interassistencial.

Definição. "*Minipeça interassistencial* é a consciência lúcida dedicada ao trabalho assistencial, interconsciencial, multidimensional e cosmovisiológico do próprio grupo evolutivo, convicta da função menor pessoal, contudo produtiva e participativa, dentro do maximecanismo de assistência às conscins e consciexes" (V. **Vieira,** Waldo; ***Minipeça Interassistencial;*** verbete; In: **Vieira,** Waldo; Org.; ***Enciclopédia da Conscienciologia;*** verbete apresentado no *Tertuliarium / CEAEC,* Foz do Iguaçu, PR, em: 02.04.2008).

Interdependência. No exercício de atuação como minipeça, outro aprendizado importante no voluntariado, é o da interdependência, uma condição de dependência mútua relativa, cosmoética e interassistencial entre duas ou mais consciências, a partir da autoconscientização da importância da intercooperação.

Grupalidade. Para Vieira (2014b, p. 1090), quanto mais evoluída a conscin, mais grupal ela se torna. Deixa de ser um órgão isolado para ser um sistema no *corpus* da Humanidade. Há, por isso, aquela minipeça lúcida que atua ao modo de sistema funcional amplificado.

Autocondução. "O ato de decidir em qual IC voluntariar é delinear o próprio caminho existencial proexológico, com base em fatos, parafatos, indícios e paraindícios. É a busca pela materialização, mais fidedigna possível, do paraprojeto da autoproéxis" (Rezende, 2019, p. 48).

***O* *voluntariado* **conscienciológico,**
paraprojeto **da autoproéxis, atua**
no desenvolvimento do discernimento
pela *teática interassistencial tarística.***

9. I Noite de Gala Mnemônica

"A **autorretrocognição** deve chegar ao ponto de a conscin se olhar no passado e se sentir completamente bem."

Waldo Vieira (2014b, p. 1466)

RELATO

A I Noite de Gala Mnemônica ocorreu na Cognópolis em 6 de junho de 2015, no hotel Mabu Interludium. *Um evento sem precedentes! Ao conhecer a proposta, achei-a estranha, singular e diferente do que estamos acostumados na Conscienciologia.*

Dedicamos muito tempo ao estudo, escrita e desenvolvimento do parapsiquismo. Como perder tanto tempo buscando roupas, acessórios, penteados? Isso cheira a superficialidade, pensei. Porém, ao longo dos dias, o professor Waldo Vieira foi explicitando que era importante o grupo investir energia nesse evento. A proposta era trabalhar nossas memórias do passado para evocar e assistir as consciexes do nosso grupo.

O investimento dos amparadores foi o ponto crucial para minha decisão em participar. Percebi a seriedade e a estratégia assistencial e evolutiva em tal tarefa. Equipin e equipex juntas no intuito de organizar, facilitar, empreender e encaminhar consciexes para a comunex assistencial Interludium.

De que maneira eu, minipeça deste maximecanismo, poderia deixar de fazer a minha parte? Depois de longos dias de observação, desconfiança, escuta e reflexão, decidi participar. Qual a indumentária que usaria?

Estudando no Holociclo ocorreu-me a ideia de pesquisar sobre cientistas naturalistas, já que nesta vida sou farmacêutica, bioquímica, psicóloga e empreendedora. Holopensene de análise, lógica, pesquisa, observação, detalhes.

Pensei: "vamos pelo mais positivo nesta vida: estudo, intelectualidade, formação acadêmica". Ao estudar Farmácia, entrei em contato com a Botânica, a Química, a Biologia, com facilidade no aprendizado. Gostava do cheiro das plantas no Instituto de Botânica, interessada nas estruturas vegetais e animais e, mais tarde, na estrutura do comportamento humano (Psicologia).

Será que poderia ter sido algum pesquisador ou pesquisadora nessa área no último século? Resolvi investir em uma indumentária feminina de uma aristocrata do século XIX. Minha mãe fez a roupa, mas ao vesti-la não tinha energia, não havia pulsação.

Então pensei: uma espanhola, um vestido vermelho e preto, com sapatos que já possuía da dança flamenca e umas flores vermelhas no cabelo. Porém, com o passar dos dias, percebi muita consciex com padrão de carência sexual na minha psicosfera. Tive sonhos e projeções sexuais e passei alguns dias sentindo o sexochacra mais ativo e a presença de consciexes relacionadas a esse grupo.

Perguntei ao professor Waldo Vieira (25.03.2015) sobre essa indumentária, ele jogou muita energia em mim, achou engraçado, me imitou de maneira histriônica, sorriu, mas não me deu nenhuma dica. Disse que a decisão sobre a escolha da indumentária era nossa com o objetivo de praticar a liderança.

Participando dos vários debates nas minitertúlias quanto à escolha da indumentária ser positiva e representar o melhor da vida passada, percebi que a espanhola não se encaixaria nesse propósito. Ficou claro que não era essa vida a mais positiva, pois pelo público atraído, devo ter feito muita sedução sexochacral e anticosmoética. Desisti.

Não estava fácil decidir sobre o traje da noite de gala. Será que deveria ir de Celta? Sinto que foi uma vida muito alegre e animada. Gosto muito das músicas celtas e da natureza. Mas ainda não era isso. Então iria de roupa monárquica, um vestido pomposo e rodado, coisa de que não gosto.

Uma amiga levou-me a uma loja de aluguel de roupas em Foz do Iguaçu, experimentei 23 vestidos, no estilo mais clássico, com espartilhos, cintura apertada. Nenhum caia bem, ou porque era apertado, ou não combinava comigo ou estava curto. Desisti e, ao sair da loja, a vendedora grita: tem este aqui! Fui lá, experimentei e tudo mudou. Sentia-me bem, era claro e leve. As pessoas presentes acharam que combinava comigo.

Decidi ir de condessa, vestido branco, modelo neoclássico, tecido fino e leve, com um xale branco, caído nos ombros. Fiz uma tiara grega e coloquei no cabelo. Senti-me muito bem nesse traje. A partir daí tudo fluiu.

Na pesquisa pela internet, *descobri que aquele estilo de roupa era do início do século XIX, onde as mulheres não gostavam dos espartilhos e do desconforto das roupas e dos sapatos. Elas promoveram uma revolução. A moda foi muito criticada. O fato é que me senti muito bem com esse estilo neoclássico, leve, solto, livre e confortável. É como gosto de me vestir hoje. Roupa bonita, harmônica e confortável.*

O fato de ter a desconfiança de que fui homem na última vida, também dificultou a escolha.

Ao chegar ao hotel, na entrada, já me senti ansiosa, não me acostumava ao xale, não sabia como lidar com ele. Ao entrar, tudo muito bonito, harmônico, de alto nível. Os colegas, compassageiros evolutivos, cada um mais interessante que o outro, às vezes engraçados.

Estímulos visuais e informação nova a cada minuto. Rostos conhecidos e ao mesmo tempo desconhecidos. A ansiedade se intensificou ao ouvir meu nome sendo anunciado pelo arauto! Fiquei emocionada ao subir no tablado e ser apresentada ao público, senti que flutuava, não estava ali, mas estava.

Entrei com um amigo de Salvador, ele estava de capitão da marinha. Temos um relacionamento fluido, falamos muito sobre gescons, penso que deva ser alguém do passado com quem já não tenho interprisão, pois não sinto demanda. Eu estava de condessa do início do século XIX. O capitão e a condessa!

Algumas pessoas que não estavam participando da Noite de Gala estavam na entrada observando, inclusive a minha filha mais velha. Todos nos observavam com admiração e curiosidade. Pensei na quantidade de consciexes que deveria estar ali fora junto com eles. Senti-me participando de um filme. Onde eu era observadora e participante ao mesmo tempo.

Dentro do salão, música, apresentações de teatro, cantora lírica, comidas e temperos da época. Percebi como tudo era muito diferente, muita beleza e realeza. Reproduzia os tempos da monarquia europeia.

"Como posso aproveitar ao máximo este momento?" Era confuso e ao mesmo tempo instigante. O meu cérebro estava funcionando devagar, lento e sem muitos pensamentos. O processamento das novidades, ideias e informações não se faziam claro. Percebi por 3 vezes a presença de consciexes com padrão de angústia, tristeza, solidão acompanhada.

Em 2 momentos, percebi sentimentos de gratidão e bem-estar, presença de amparadores ajudando na desassim e encaminhamento das consciexes, dando uma aliviada pela desassimilação das energias.

Como compreender tudo isso a partir do paradigma materialista? Uma festa luxuosa, bela e cara. E sob o prisma do Paradigma Consciencial, uma oportunidade de aumentar a autocognição e recuperar cons, assistir as consciexes atraídas para nossa psicosfera e se preparar para os resgates das consciexes amigas presas na baratrosfera no próximo período intermissivo.

Em muitos momentos da noite me senti meio confusa e cansada. A momentânea falta de lucidez e baixa percepção parapsíquica prejudicou o entendimento dessa experiência em um nível mais profundo e claro no momento.

O único guia utilizado é a percepção, o que chega de pessoas, conversas, comentários, sentimentos e pensamentos. Com outras parapercepções, por exemplo, a clarividência, a retrocognição, ficaria mais evidente, mais fácil de montar as peças do quebra-cabeça.

Ao voltar para casa, findo o baile, muito cansaço. À noite, durante o sono físico, tive uma projeção no salão do evento, reencontrei pessoas e conversei longamente com um amigo da Conscienciologia, aparando arestas do nosso passado.

A presença do Zéfiro, com indumentária do fantasma inglês (Gentleman Ghost) *foi a pérola do evento. De fato, a Noite de Gala Mnemônica tornou-se inesquecível, marcante e bem vincada em nossa memória grupal.*

CONTEXTUALIZAÇÃO

Proposta. A *I Noite de Gala Mnemônica* foi promovida pela *Consecutivus*, em 06 de junho de 2015, no Hotel Mabu em Foz do Iguaçu. Foi proposta pelo professor Waldo Vieira, durante o almoço com alguns voluntários da Conscienciologia.

Definição. "A *Noite de Gala Mnemônica* é o experimento retrocognitivo grupal da *Comunidade Conscienciológica Cosmoética Internacional* (CCCI) composto por diversas atrações culturais e farto jantar, realizado em local tecnicamente ornamentado e ambientado com motivos históricos, cujo participante deverá estar vestido com elegante traje de época (indumentária) inspirado em determinado período da História, incluindo o país e a condição social, com o qual tenha identificação positiva e sinta-se realmente afinizado, a fim de promover estímulos retrocognitivos pessoais e grupais a partir do holopensene criado e das interações multidimensionais oportunizadas (Retrocogniciologia)" (V. **Fernandes,** Pedro; ***Noite de Gala Mnemônica;*** verbete; In: **Vieira,** Waldo; Org.; ***Enciclopédia da Conscienciologia;*** verbete apresentado no *Tertuliarium / CEAEC*, Foz do Iguaçu, PR, em: 05.11.2015).

Consecutivus. A *Consecutivus* é uma instituição conscienciocêntrica cuja especialidade é a Seriexologia. Promove cursos, palestras e pesquisas científicas por meio dessa especialidade, criada para atender a demanda grupal voltada à serialidade existencial e às retrocognições.

Memória. "Ao apresentar a ideia do evento, o professor Waldo Vieira comentou que este ajudaria nas retrocognições grupais, o que mudaria a *Comunidade Conscienciológica Cosmoética Internacional* - CCCI. Seria um jantar Retrocognitivo em que cada participante deveria refletir sobre qual personagem histórica gostaria de assumir sinceramente, pois isso repercutiria na memória uns dos outros" (Lavor, 2015, p. 24).

Retrocognição. O objetivo do experimento da Noite de Gala seria ativar memórias antigas dos participantes intrafísicos (conscins) e extrafísicos (consciexes) para promover retrocognições grupais. A memória seria ativada através do uso dos trajes, dos estímulos por meio do paladar, cheiros e cenário minunciosamente preparado.

Megafoco. "Considerando o funcionamento da memória, que é ativada a partir de "gatilhos", o evento foi planejado visando proporcionar intensa experiência multissensorial, não usual, inspirada na França dos Séculos XVII e XVIII, a fim de patrocinar experiências retromnemônicas significativas" (Fernandes, 2015, p. 37).

Laboratório. A evocação das memórias do passado através do cenário, indumentária e vocabulário da época instalou um *Retrocognitarium*, laboratório para potencializar evocações mnemônicas através da estimulação do hipocampo e conexões cerebrais nas regiões envolvidas na formação e evocação das memórias a partir de estímulos iguais ou parecidos.

Mecanismo. "Sob a ótica da *Holomemoriologia*, o mecanismo de tal ligação é derivado da *interação paracérebro-cérebro*, ou mais especificamente, para-hipocampo–hipocampo" (Fernandes, 2015, p. 37).

Científico. O evento teve caráter científico, não foi um baile à fantasia ou evento lúdico. Fomentou pesquisas históricas e seriexológicas nos participantes através da transfiguração intrafísica com objetivo de atrair os assistidos (consciexes).

Curso Intermissivo. Para Fernandes (2015, p. 34), os cursos intermissivos (CI) pré-ressomáticos, cursos preparatórios para a próxima vida humana, foram agentes facilitadores para a retrocognição nessa ressoma do grupo de voluntários da Conscienciologia. O CI atua na expansão da lucidez extrafísica dos seus participantes, os quais adquirem maior cosmovisão de si mesmos dentro do mecanismo evolutivo do Cosmos.

Pesquisa. Durante 6 meses, os participantes fizeram autopesquisa e participaram intensamente dos debates nas minitertúlias para identificar o personagem mais positivo da história pessoal.

Personalidade extrafísica. O único convidado a escolher uma personalidade extrafísica foi o professor Waldo Vieira. Foi trajado de *Gentleman Ghost* (ficou conhecido como fantasma após aparição num jantar na *Trerice House*, na Cornualha, Inglaterra, em 1844), representando sua identidade extra, denominada Zéfiro.

Equipe. Segundo Lavor (2015, p. 24), ao todo foram 115 pessoas envolvidas na montagem e organização do evento, distribuídas em 22 equipes de trabalho.

Pontoações. As pontoações da I Noite de Gala foram: 284 participantes, 173 mulheres e 111 homens. 80 pessoas representando a França, 114 do século XIX, mais da metade dos participantes eram de origem europeia (Ferraro, 2015, p. 196).

Parassociometria. "Se for feita a soma das pessoas que escolheram o período do século XVI até o século XX, os últimos 5 séculos, chega-se ao total de 226 pessoas, a maioria dos convidados. Em tese, essas pessoas situam-se entre as que escolheram retrovida mais positiva, na qual a pessoa se sente bem, e que, provavelmente, atuou tal qual passaporte para o *Curso Intermissivo*" (Ferraro, 2015, p. 203).

Retrovida crítica. Para Ferraro (2015, p. 203), a predominância das escolhas dos Séculos XIX e XVIII tem relação com a retrovida crítica, que segundo Waldo Vieira "A retrovida, que levou a conscin ao Curso Intermissivo, foi a tábua salva-vidas. [...] Para a média dos intermissivista, segundo os evoluciólogos, foi nos últimos 5 séculos" (Vieira, 2014b, p. 1472).

Massa crítica. As 3 décadas de materialização da Conscienciologia no planeta Terra, através da estruturação de cursos, *Campi*, laboratórios e convivência grupal, criou massa crítica cosmoética para os intermissivistas poderem investigar memórias consecutivas em grupo (Fernandes, 2015, p. 36-37).

Encaminhamento. Segundo o professor Waldo Vieira, a consciex que superintendeu o evento foi o *Transmentor*, evoluciólogo do grupo de voluntários da Conscienciologia. Relatou também que o resultado de encaminhamentos de consciexes para comunex *Interludium*, evocadas durante a preparação e escolha dos trajes, surpreendeu as expectativas dos amparadores.

O megateatro assistencial da *I Noite de Gala Mnemônica*, **palco de resgates extrafísicos de** *consciexes do passado*, **chancelou a** *maturidade grupal* **da CCCI.**

10. Despedida Grupal

"Os argumentos embasados em **parafatos** são de difícil compreensão para quem não tem experiência parapsíquica, seja para a exposição ou a recepção das cognições transcendentes."

Waldo Vieira (2014b, p. 473)

RELATO

Na manhã do dia 07.06.2015 a minitertúlia foi especial e muito diferente de todas as outras. Primeiro porque os participantes da Noite de Gala assumiram o compromisso de irem com a mesma indumentária da noite anterior e, segundo, porque foi a nossa despedida em grupo do professor Waldo Vieira.

Ao chegar ao Tertuliarium, *encontrei um casal de amigos da Bahia que adotou um bem-te-vi, que tinha a asa quebrada, chamado Isaque. Eles estavam felizes porque conseguiram apresentar o Isaque ao professor.*

Chegaram bem cedo e aguardaram o professor na entrada, que os convidou a adentrarem no Tertuliarium, *onde Isaque emitiu um alto e caprichado canto de bem-te-vi, ouvido por todos os presentes. Essa visita rendeu a adição de uma imagem de bem-te-vi à logomarca da I Noite de Gala Mnemônica.*

Apesar do cansaço da noite, foi interessante ver os participantes da minitertúlia vestidos como os personagens em plena luz do dia. Diferente da noite anterior, onde o cenário combinava com as indumentárias e os personagens, aqui destoava.

O Tertuliarium *é moderno e* clean. *Um ambiente mentalsomático. Parecia não combinar com a quantidade de brilho, tecidos e perucas extravagantes. Muito menos com os leques e penteados esdrúxulos que usávamos naquele dia.*

Acostumada a ver os colegas no século XXI, vestidos e se comportando na atualidade, foi interessante estar neste século, porém com todos transfigurados simulando o passado. Parece que realmente mudamos algo, pelo menos na aparência e na intencionalidade, que agora objetiva ser mais assistencial.

Além dos participantes da Noite de Gala, tínhamos a presença de outras pessoas. O Tertuliarium *lotou, todos os assentos foram preenchidos, muitas pessoas ficaram em pé e outras sentadas até nas escadas.*

O professor Waldo Vieira, no centro do Tertuliarium, *com a indumentária de Zéfiro, mediou sua última minitertúlia nessa vida. Após isso, iria ser submetido a uma cirurgia cardíaca e não se sabia o resultado final.*

Se ele não se recuperasse bem da cirurgia, seria a última minitertúlia. Se a recuperação fosse positiva, havia esperança de continuarmos o trabalho juntos na Cognópolis. Muita informação e novidade para todos. Digerir as experiências da Noite e ainda gerir os próximos acontecimentos relacionados ao nosso líder, são desafios nada fáceis.

Ao longo da manhã, na minitertúlia, comentamos sobre as indumentárias mais representativas e que evidenciavam a força presencial da pessoa. Realmente, alguns trajes exumavam realidades do passado e chamavam a atenção da maioria.

Também tivemos notícias do extrafísico da Noite de Gala. Segundo o professor, o resultado foi positivo, ou seja, a evocação e encaminhamento de consciexes para comunex Interludium *foi superior ao esperado pelos amparadores. Os participantes da Noite serviram de isca para atrair os amigos e desafetos do passado, que reconheciam naquele personagem e no ambiente algo familiar.*

Após o término da minitertúlia, a festa continuou. Muitos ficaram tirando fotos pelos jardins do CEAEC e trocando experiências da Noite nos bancos e arredores do Tertuliarium. *Um cenário* sui generis.

Eu me sentia bem, porém apreensiva. Percebi que ainda tínhamos uma pressão extrafísica no CEAEC, uma sensação de multidão extrafísica relacionada às consciexes trazidas ou evocadas na noite anterior e, talvez, na minitertúlia do dia seguinte. Essa sensação permaneceu por uns 10 dias na minha percepção.

Ao chegar em casa, muita fome e cansaço. Continuei a ter sonhos e projeções relacionados à Noite de Gala por algumas semanas.

O dia a dia na Cognópolis retornou ao ritmo anterior: voluntariado, Tertúlias, escrita, debates e assistência nas dinâmicas parapsíquicas, porém com expectativas das notícias diárias da cirurgia e do tratamento do professor Waldo Vieira.

CONTEXTUALIZAÇÃO

Objetivo. Segundo Fernandes (2015, p. 352), a intenção de atrelar a minitertúlia à Noite de Gala era para mostrar a tecnicidade do evento, um experimento retrocognitivo grupal. O participante assumiria o papel retrocognitivo também durante o dia no holopensene verponogênico do *Tertuliarium* e para um número maior de pessoas.

Futuro. "Observar os colegas vestidos a caráter ajuda a reacender a holomemória, não só para relembrar o passado, mas também vincar as experiências para vidas futuras" (Fernandes, 2015, p. 352).

Memórias. O número de participantes dessa minitertúlia chegou a quase 600 pessoas. É possível assistir ao evento que está disponível em DVD.

Livro. O livro *I Noite de Gala Mnemônica História Ilustrada*, organizado pela voluntária da *Consecutivus*, Luciana Lavôr, conta os detalhes dos bastidores do evento, bem como muitas imagens do local e dos participantes.

Formatura. Para alguns, a minitertúlia representou uma formatura do *Curso de Longo Curso* dos intermissivistas engajados na maxiproéxis grupal. Foi passado o bastão maxiproexológico para os intermissivistas, no que cada um reconhece como seu melhor.

Reconhecimentos. O fato da despedida do professor Waldo Vieira ficar gravada na memória grupal dos intermissivistas facilitaria a rememoração futura? O entrelaçamento dos 2 eventos, a Noite de Gala e a minitertúlia, facilitou o reconhecimento dos grupos extrafísicos envolvidos nas reconciliações? Estar cara a cara com um desafeto do passado no contexto atual da Cognópolis ajudaria no processo do perdão?

Amparadores. Parece uma grande trama cosmoética, um grande balão de ensaio de reações e repercussões assistenciais com alcance que ainda não podemos imaginar. Produto da pensenidade dos amparadores extrafísicos com intenção de que ocorra o melhor para todos.

***AS** DESPEDIDAS **COM ACABATIVAS** HOMEOSTÁTICAS*
***E** MENTAISSOMÁTICAS**, CHANCELAM OS** TRAFORES*
DAS** CONSCIÊNCIAS **ENVOLVIDAS, LIBERANDO
O** PRÓXIMO CICLO **EVOLUTIVO.

11. Dessoma na Cognópolis

"Quanto mais evoluída a **conscin**, mais natural se torna o ato de dessomar para ela."

Waldo Vieira (2014b, p. 512)

RELATO

Na tarde do dia 02.07.2015 soube a notícia da dessoma do professor Waldo Vieira. Já havia refletido sobre esse desfecho, pois ele se submeteu a uma cirurgia cardíaca, e após voltar para Foz do Iguaçu, foi internado novamente no hospital, onde dessomou.

Ao saber da dessoma, participei de uma dinâmica parapsíquica, com o objetivo de estar em grupo naquele momento, buscar os pares para me autorganizar holossomaticamente e falar sobre o ocorrido.

Chegando ao CEAEC percebi um silêncio no ar e a certeza de que nossos dias ali, de agora em diante, seriam diferentes.

Durante o período da internação no hospital, andávamos comentando sobre aquele assunto em todos os cantos da Cognópolis, afinal ninguém sabia qual seria o resultado de tudo isso. O fato preocupava a todos e ao mesmo tempo havia uma esperança de que ele se recuperasse e novamente pudesse estar de holossoma conosco.

Para alguns ele já havia cumprido seu papel e era hora de se despedir, para outros era só uma cirurgia que alongaria a estadia do professor na dimensão intrafísica.

No dia da dessoma, andando pelo CEAEC, era notável o clima de despedida, todos aqueles espaços, construções e idealizações tem a energia, as ideias e dedo do professor Waldo Vieira.

Havia um silêncio respeitoso no ar. Uma sensação de ausência, porém com a presença dos amparadores, que ao certo estavam dando suporte e apoio extrafísico ao grupo de voluntários nesse momento de transição.

Uma tarde diferente, autorreflexiva, um misto de tristeza e gratidão. A tristeza por perder a convivência diária e aprender mais a partir da sua presença física. A gratidão por tudo que aprendi e amadureci a partir dos seus ensinamentos e colocações abrangentes, por vezes impactantes.

Grata também por todo o legado científico deixado e que será a base para sustentação das neoverpons e da Reurbex. Além do seu exemplarismo diário que consistia numa rotina útil, baseada na interassistência, disciplina e autorganização deixou energias acolhedoras e fraternas, base da convivialidade sadia.

Hoje sinto, intimamente, a certeza de que tomei a decisão correta ao mudar-me para Foz em 2014. Assim pude vivenciar aquele momento ímpar da Cognópolis de perto, ao vivo e estar mais pronta para colaborar com os próximos passos do grupo sem a presença física do professor.

Recordo o momento em 2013 quando decidi agilizar a mudança quando ainda morava em Salvador. Estava com a vida estabilizada, morando com meus 3 filhos, perto da família nuclear, consultório de psicologia perto de casa, vida produtiva, na zona de conforto.

Ao sair do consultório percebi um lateropensene com a ideia clara de que era hora de mudar para cognópolis Foz do Iguaçu. Ainda me questionei, relacionando algumas pendências. Pensei na possibilidade da dessoma próxima do professor Waldo Vieira, ouvi notícias de que seu problema cardíaco estava se agravando.

Naquele momento percebi que deveria aproveitar a oportunidade da sua presença para acelerar as reciclagens e aprendizados necessários.

Passei alguns dias refletindo e tentando entender o recado dos amparadores. A certeza íntima da mudança foi se concretizando e após sua dessoma, ficou evidente que deveria aproveitar mesmo o tempo evolutivo a partir do encontro holossomático. Ouvi-lo a partir dos 5 sentidos fez e faz diferença para mim.

A memória do que aprendi na sua presença está muito bem fixada. Ler os tratados escritos por ele é imprescindível, porém os aprendizados na sua presença, junto ao grupo e dentro do holopensene da Cognópolis, têm um peso ímpar hoje na minha pensenidade.

Recordo-me do dia, na minitertúlia em que ele me falou, bem sério, que eu estava atrasada. Respondi-lhe que sabia disso e por esse motivo tinha escrito o verbete "Maratona Proexológica".

Penso que durante o período de 1 ano e meio que frequentei as minitertúlias, acelerei o processo das reciclagens e recuperei cons magnos que dificilmente recuperaria estando em Salvador. Agradeço firmemente aos amparadores pela sugestão de acelerar o processo de mudança de cidade.

Alguns questionamentos que me surgiram após sua dessoma só serão respondidos ao longo do tempo: como iremos conduzir o grupo sem a sua presença? Seremos capazes de manter toda essa estrutura e organização multidimensional? O grupo está pronto e maduro para essa tarefa? Qual o meu papel, nesse momento, no grupo?

CONTEXTUALIZAÇÃO

Zéfiro. O professor Waldo Vieira é reconhecido por inúmeros assistidos pela identidade extra de Zéfiro. Segundo Teles (2014, p. 21), o *paraepíteto* de Zéfiro, cunhado pelos assistidos é o mesmo que a consciex portava em alguma vida intrafísica pretérita em que obteve bom desempenho em processos interassistenciais qualificados, abrangentes e duradouros.

Público. "Mesmo entre os pesquisadores conscienciológicos, o assunto só veio a debate público, oficialmente, em 9 de novembro de 2008, mais de duas décadas após a proposta da Ciência Conscienciologia, através do verbete *Identidade Extra*, elaborado pelo organizador da *Enciclopédia da Conscienciologia*, Waldo Vieira" (Teles, 2014, p. 23-24).

Paraidentidade. A tarefa da interassistencialidade imprime nos assistidos o sentimento de gratidão e reconhecimento, notadamente, a partir do acúmulo de serviços policármicos. Dessa forma, surge a paraidentidade intermissiva ou identidade extra.

Definição. "A *identidade extra* é a da consciex lúcida quando atuando conscientemente, em tarefas interassistenciais prolongadas, na dimensão extrafísica, ou no período intermissivo, com outro nome, ou apresentação parassocial, seja com paravisual de homem ou mulher, diferente das identidades assumidas em vidas intrafísicas, tanto passadas quanto sucessivas, mais recentes" (V. **Vieira,** Waldo; ***Identidade Extra;*** verbete; In: **Vieira,** Waldo; Org.; ***Enciclopédia da Conscienciologia;*** verbete apresentado no *Tertuliarium / CEAEC,* Foz do Iguaçu, PR, em: 09.11.2008).

Ciclo. No dia 02 de julho de 2015, Zéfiro retorna ao extrafísico, completando o ciclo da recente ressoma. Deixa como legado ímpar, a implantação da Conscienciologia no planeta Terra.

Informe. A Assessoria de Imprensa do CEAEC informou a toda a CCCI e à imprensa local sobre a dessoma do professor Waldo Vieira. Abaixo o informe com detalhes sobre sua vida e obra:

Foz do Iguaçu, 03 de julho de 2015.

O Centro de Altos Estudos da Conscienciologia (CEAEC) informa, com pesar, a dessoma do professor Waldo Vieira, aos 83 anos de idade, às 17h50 desta quinta-feira, dia 2, no Hospital Costa Cavalcanti, em Foz do Iguaçu. Vieira sofreu um Acidente Vascular Cerebral (AVC) na madrugada do dia 26 de junho e estava internado em estado de coma. O corpo será cremado e não haverá velório. O professor foi internado no dia 25 de junho após ser detectada a presença de líquido no pulmão. O problema foi contornado, mas na sequência ele sofreu o AVC, considerado irreversível. Antes de ser internado, Waldo Vieira estava em casa e se recuperava de uma revascularização miocárdia, realizada em São Paulo. Waldo Vieira nasceu em 12 de abril de 1932 em Monte Carmelo (MG). Era graduado em Medicina e Odontologia. Foi propositor das ciências Projeciologia e Conscienciologia, sistematizadas nos tratados Projeciologia: Panorama das Experiências Fora do Corpo Humano

(1986) e 700 Experimentos da Conscienciologia (1994). Escreveu mais de 60 obras, entre livros, tratados, dicionários e centenas de artigos relacionados à pesquisa da consciência e ao parapsiquismo. Fundou o CEAEC em 1995, o primeiro *campus* da Conscienciologia. No ano 2000, trocou o Rio de Janeiro por Foz do Iguaçu para atuar em tempo integral no CEAEC e acelerar a escrita da Enciclopédia da Conscienciologia, obra coletiva com textos dele e de outros 500 verbetógrafos. Nos últimos anos, o trabalho da Conscienciologia cresceu e Vieira propôs a criação do Bairro Cognópolis, onde fica o CEAEC e outras 21 instituições conscienciológicas. Também conhecido por "Cidade do Conhecimento" e Bairro do Voluntariado, Cognópolis foi oficializado pelo Decreto Municipal 18.887, publicado em 2009. Personalidade aglutinadora e considerado gênio multidotado, Vieira liderava uma comunidade de 841 voluntários dedicados à Conscienciologia, residentes em Foz do Iguaçu, entre os quais médicos, professores e empresários, vindos de diversas partes do Brasil e do exterior. Nos últimos meses, o professor ministrava, diariamente, minitertúlias conscienciológicas no CEAEC e trabalhava no terceiro volume da obra "Léxico de Ortopensatas", no prelo. As atividades da Conscienciologia no Brasil e exterior serão mantidas normalmente com o compromisso dos voluntários de preservar e expandir o legado deixado por Vieira. O CEAEC e as demais instituições conscienciológicas mantêm as portas abertas para visitas, cursos, debates e palestras. *Assessoria de Imprensa CEAEC.*

Dessoma. O fim de uma vida intrafísica é caracterizado pelo descarte do soma (dessoma) e configura o término de uma etapa do ciclo multiexistencial pessoal (CMP). Esse fato já determina o início de outro ciclo, novo recomeço do próximo período intermissivo, ou seja, entre uma vida e outra.

Ciclo. "O *ciclo multiexistencial pessoal* (CMP) é o intervalo de tempo durante o qual se completa a sequência da sucessão, regularmente recorrente, de eventos ou fenômenos do sistema ou condição de alternância continuada, multissomática e multimilenar, no atual nível evolutivo consciencial médio, do período do renascimento intrafísico (pré-ressomática; ressoma) da consciex na vida humana, com outro período de pós-desativação somática (dessoma; pós-dessomática), extrafísico, dessoma ou a volta da conscin à intermissão" (V. **Vieira,** Waldo; ***Ciclo Multiexistencial Pessoal;*** verbete; In: **Vieira,** Waldo; Org.; ***Enciclopédia da Conscienciologia;*** verbete apresentado no *Tertuliarium / CEAEC,* Foz do Iguaçu, PR, em: 08.04.2006).

Ficha. Atrelado ao CMP está a FEP (Ficha Evolutiva Pessoal). O *saldo da FEP*, ao modo do saldo da conta bancária, pode estar negativo ou positivo, depende das ações e das manifestações da consciência ao longo das suas vidas.

FEP. "A *Ficha Evolutiva Pessoal* é o registro extrafísico, conjunto ordenado das informações e caracteres mais íntimos e detalhistas das manifestações pensênicas essenciais, relativo às autovivências ou ao microuniverso de todo princípio consciencial, sempre atualizada ou preenchida paratecnologicamente sob a responsabilidade do evoluciólogo, ou orientador evolutivo extrafísico, do grupocarma" (V. **Vieira,** Waldo; ***Ficha Evolutiva Pessoal;*** verbete; In: **Vieira,** Waldo; Org.; ***Enciclopédia da Conscienciologia;*** verbete apresentado no *Tertuliarium / CEAEC,* Foz do Iguaçu, PR, em: 25.12.2007).

Lucidez. O estudo e vivência do Paradigma Consciencial com aprofundamento dos conceitos da Seriexologia dinamizam a compreensão dos ciclos multiexistenciais pessoais de modo a ampliar a lucidez da consciência quanto à autevolução, desmistificando e desdramatizando a dessoma.

Pesar. Porém, o que se observa na prática é que, apesar dessa compreensão, a perda ainda se configura um sofrimento para muitas pessoas, pois envolve sentimentos de tristeza e saudades (emocionalidade).

Passagem. Considerando que a consciência não morre, apenas dessoma, não deixando de existir e passando a se manifestar na dimensão extrafísica sem o soma, é interessante refletir por que ainda, para alguns, é difícil aceitar o fato.

Socin. Algumas culturas tendem a ignorar ou evitar a morte. Existe crescente ansiedade e dificuldade de aceitação desse fato, seja este natural ou provocado, não é algo simples para a maioria dos componentes da raça humana.

Perda. Mesmo que exista adiante a possibilidade de ganho positivo, por exemplo, reencontrar pessoas queridas no extrafísico, ou adentrar comunex com holopensene homeostático, a perda da convivência não traz boas sensações.

Apego. Para alguns, é mais fácil não entrar em contato com o que está perdendo, com o ciclo que está se fechando, tentam negar a dor da perda, a despedida, o que deixou para trás, o que conhece e continua apegado. Um misto de egoísmo e apego.

Psicossoma. Pode-se começar a entender essas reações a partir do psicossoma, o veículo da emoção ou sentimentos, o qual reflete as crenças e medos dos pensenes de apego da consciência que ainda reluta em segurar o que acredita que é "seu" e que lhe traz benefícios.

Dificuldade. Fica evidente que mesmo vivenciando a multidimensionalidade, para alguns ainda há dificuldades em lidar com as perdas, sentem que algo ou alguém lhe foi tomado.

Aprendizado. É inteligente investir no aprendizado das perdas e lutos diários. O processo de crescimento, de evolução depende disso: entrar e sair de situações dolorosas com mais serenidade e lucidez. Assim, gera aprendizagem para o grupo evolutivo, desencadeando o "melhor para todos" através da interassistência e do desenvolvimento da Inteligência Evolutiva (IE).

Técnicas. A Conscienciologia disponibiliza inúmeras técnicas evolutivas que podem facilitar o autenfrentamento saudável da dessoma, por exemplo, a tenepes e a projetabilidade lúcida.

Tenepes. A prática diária da tenepes (tarefa energética pessoal) desenvolve, ao longo dos anos, neossinapses relacionadas à vida após a morte através da assistência às consciexes e pelo exercício da descoincidência física vígil proporcionada pelo campo assistencial tenepessológico.

Projeção. É imprescindível investir também na técnica da Projetabilidade Lúcida (PL) como ferramenta de desapego do soma e relativização do sentido dado às perdas. Ao sair do corpo com lucidez, entende-se sobre a dessoma de maneira desdramatizada, ao modo do *Ensaio dessomático projetivo.*

Ensaio. "O *ensaio dessomático projetivo* é o exercício, treino ou experiência da conscin lúcida, homem ou mulher, de vivenciar momentos nos quais se encontra projetada do corpo humano, em outras dimensões, obtendo melhor entendimento e preparando-se para a própria dessoma nesta vida" (V. **Prata,** Selma; ***Ensaio Dessomático Projetivo;*** verbete; In: **Vieira,** Waldo; Org.; ***Enciclopédia da Conscienciologia;*** verbete apresentado no *Tertuliarium / CEAEC,* Foz do Iguaçu, PR, em: 29.11.2013).

Energossoma. Além do soma, outro veículo pode ser descartado, o energossoma, caracterizando o fenômeno da 2ª dessoma (bitanatose). Quanto maior a lucidez extrafísica da consciência, após a dessoma, mais rapidamente poderá descartar o corpo energético (energossoma) contando com a ajuda dos amparadores.

Encaminhamentos. Além do preparo intraconsciencial visando à boa dessoma, há também a organização, visando facilitar o encaminhamento das questões intrafísicas inerentes à dessoma, por exemplo, os pertences, documentos, cremação ou enterro, testamento.

Organização. "A *organização pró-dessoma* é o conjunto de fatores intrafísicos, relativos à vida da conscin, homem ou mulher, os quais devem estar constantemente arrumados, de modo a facilitar o encaminhamento, por parte de terceiros, das questões pessoais pós-dessoma" (V. **Arakaki,** Kátia; ***Organização Pró-dessoma;*** verbete; In: **Vieira,** Waldo; Org.; ***Enciclopédia da Conscienciologia;*** verbete apresentado no *Tertuliarium / CEAEC,* Foz do Iguaçu, PR, em: 02.07.2014).

Qualidade. A qualidade da dessoma depende da pensenidade da consciência, do holopensene, e está intrinsecamente relacionada à autocosmoética. É reflexo da autorganização implementada durante a vida intrafísica e do investimento feito na acabativa das tarefas assistenciais.

Inteligência. Aprender a dessomar naturalmente, ou seja, a descartar o corpo físico, com eficiência após o cumprimento da proéxis, é o mais inteligente a se fazer nessa etapa evolutiva. A acabativa qualificada no descarte do soma pode evidenciar o nível de Inteligência Evolutiva da consciência.

Intermissivista. Para o intermissivista, o completismo existencial (compléxis) é o objetivo final dessa existência, o ganho evolutivo. O incompléxis é a perda evolutiva.

Acabativa. Ao alcançar o compléxis, a conscin deixa esta vida com acabativa positiva, fruto do saldo da assistência realizada e serve de exemplo para outras consciências em evolução.

Compléxis. Pelo número de obras tarísticas escritas e publicadas, pelo rastro positivo de assistência fraterna a milhares de consciências, pelo nível de exemplarismo que reverbera todos os dias na memória de muitos intermissivistas, é possível concluir que o nível de completismo do professor Waldo Vieira nessa existência foi alcançado e talvez extrapolado.

Crescimento. Após a dessoma do seu propositor, houve a manutenção e crescimento da ciência Conscienciologia. Segundo o Censo CCCI 2018, de 2016 a 2018, somaram-se 1749 novas publicações científicas, 04 novas ICs e chegada de 59 neocognopolitas em Foz do Iguaçu (ICGE, 2019).

Expansão. A chegada de novos voluntários no Brasil e no exterior, com movimento de expansão internacional da Conscienciologia foi marcada pelo Encontro dos Intermissivistas em *Strasbourg* em 11 de novembro de 2018 com lançamento de 08 obras em inglês.

Continuísmo. Esses fatos são indicadores do trabalho bem estruturado implementado pelo professor e do grau de maturidade e responsabilidade alcançado pelo grupo.

Interdependência. Descartar a gurulatria e priorizar o *Princípio da Descrença* otimizou as reciclagens e maturidade da maioria dos voluntários da Conscienciologia. A aprendizagem da interdependência cresce na velocidade do desenvolvimento da fraternidade lúcida.

A dessoma **do completista gesconológico, de convivialidade sadia, evidencia** *inteligência evolutiva,* **atuando como** *exemplo evolutivo* **para o** *grupo de assistidos.*

Seção III

Realinhamento de Proéxis

12. Acolhimento Tarístico

"O acolhimento não se disfarça. O coeficiente positivo das energias conscienciais (ECs) fica explícito, mesmo aos seres pré-humanos."

Waldo Vieira (2014b, p. 50)

RELATO

Ao participar do curso da Holotecologia, no final do ano de 2014, durante o campo energético experimentei uma descoincidência dos veículos de manifestação e percebi a assistência que estava acontecendo no extrafísico, no local do curso.

Percebi consciexes sendo atendidas e muito barulho, parecia uma feira de rua com muitas pessoas falando ao mesmo tempo. Vi outro grupo de consciexes sendo ordenadas em fila para o atendimento.

Estava no extrafísico com pouca lucidez, pensei: "Que bagunça! Por que não botam ordem nisso? Vai atrapalhar o curso". Naquele momento voltei para o corpo, entendi que estava projetada e percebendo os atendimentos do campo energético assistencial do curso.

Saí novamente do corpo e percebi um senhor idoso, muito agitado e sem entender onde estava. Tentei ajudá-lo. Ao voltar para o corpo, novamente reencaixei os veículos de manifestação e percebi um pensamento fixo: "Qual a sua especialidade?". Quis responder a pergunta, mas não consegui.

No outro dia, após o curso, a pergunta sobre a minha especialidade não saía da cabeça. Decidi ir à dinâmica parapsíquica no CEAEC, para expandir melhor as energias e obter mais informações a respeito disso. Fui sorteada para fazer perguntas para consciex que estava se comunicando através do fenômeno da psicofonia.

Ao me sentar na cadeira com intenção de abordar o assunto da especialidade, a consciex logo me perguntou: "Qual a sua especialidade?". Respondi, prontamente, que estava ali para aquele fim, pois estava com dificuldades de identificá-la.

A consciex prosseguiu seu diálogo comigo perguntando sobre meus trafores e que com base neles eu saberia a resposta. Disse-me que pensasse sobre o trafor do acolhimento e sugeriu que escrevesse e estudasse sobre "Acolhimento tarístico".

Voltei para cadeira, reflexiva, sem muitas sinapses sobre o assunto. Após esse episódio fiz curso da APEX, "Diretrizes da Proéxis", que tem como objetivo ajudar no esclarecimento sobre as especialidades proexológicas. Como síntese, o resultado indicava duas especialidades: Conscienciometria e Consciencioterapia.

Analisei as funções relacionadas a essas duas especialidades e cheguei à conclusão de que a Consciencioterapia se encaixaria nos meus propósitos. Gosto de aprofundar sobre recins (reciclagens íntimas), chegar a diagnósticos e sobretudo buscar a terapêutica, o remédio.

Decidi iniciar meu processo consciencioterápico a fim de voluntariar na OIC e fazer a formação para atuar como consciencioterapeuta. Naquele momento, ainda não fazia ideia da relação entre a especialidade da Consciencioterapeuticologia e o acolhimento tarístico.

De fevereiro a dezembro de 2014 ainda não havia passado pelo atendimento consciencioterápico. Participei de muitos cursos, dinâmicas, laboratórios e voluntariado intenso como executiva nacional do ECP1, no IIPC Sede.

Houve investimento em melhorar a cognição relacionada com os conceitos da Conscienciologia através de estudos das obras na Holoteca e diariamente na atualização com o professor Waldo Vieira nas minitertúlias diárias.

Também estava participando do programa de conscienciometria da Conscius, respondendo as 2000 questões do Conscienciograma e participando do conscin-cobaia com objetivo de aumentar a autocognição.

Essa bagagem de novos aprendizados intra e extraconscienciais favoreceu o up *necessário para que os amparadores me direcionassem para busca da especialidade de atuação no voluntariado, a Consciencioterapeuticologia, no ajuste de rota proexológica.*

O aumento da autocognição ajudou no reconhecimento do trafor do acolhimento, possivelmente desenvolvido ao longo da seriéxis. Ter sido convidada para o Curso Intermissivo pode ter me ajudado no entendimento da aplicação da tares, já que reconheço uma tendência ao uso da tacon ao longo desta vida.

Refleti bastante sobre a relação entre meus traços de temperamento e a assistência: "qual é a dúvida e qual é a certeza sobre minha atuação assistencial? O que sou capaz de fazer em prol da minha evolução e de outros? O que ainda não coloquei em prática e está ocioso?"

O ginossoma, a maternidade e o traço da maternagem atuante nas relações ajudam a compor essa logística assistencial relacionada ao acolhimento.

Observando alguns componentes da minha paragenética: bom humor, graça, seriedade, comprometimento, vigor, continuísmo, consistência, saúde, simplicidade, vontade de ajudar, entre outros, concluí que realmente tinha desenvolvido a condição do "acolhimento tarístico" apontada pela consciex na dinâmica no CEAEC.

Comecei a pesquisar e a estudar sobre acolhimento tarístico e escrevi um verbete com esse título. Fui amadurecendo o tema ao longo das minhas experiências no voluntariado, no Curso para Formação do Consciencioterapeuta em 2015 e nos atendimentos como consciencioterapeuta em 2016. Apresentei o verbete quando percebi que estava pronta para abordar o assunto com mais teática e aprofundamento.

Concluí que o acolhimento tarístico precisa de holosfera acolhedora, antibelicista. Não é polianismo. Está dentro da realidade, calçada no dia a dia. A holosfera de acalmia e aceitação gera no outro uma amortização das defesas, da necessidade da luta ou da fuga.

A partir dessa confiança fica mais fácil a interação, a intercomunicação, as energias e o acoplamento áurico. A pessoa relaxa e se entrega à assistência e, aos poucos, sua pensenização modifica e se abre, facilitando o uso de argumentos lógicos para a etapa do esclarecimento.

Todas essas experiências na Cognópolis levaram-me ao autoposicionamento de assumir funções de assistência para a qual estou pronta e sair da condição de autescondimento, abrindo as possibilidades de assistência profissional dentro da Conscienciologia.

Acolher e esclarecer – nos lugares recônditos da intraconsciencialidade – os "chamuscados e cansados de guerra" que necessitam da paz íntima e acolhimento é uma boa e chamativa proposta.

A luz se propaga devagar, sem cessar e sem avisar, é sutil. A sutileza do bem também é assim, invade e se insinua por entre portas, janelas, olhares e mentes. Não economizar tempo, palavras, gestos e olhares bondosos no exercício da assistência. Esse é o maior remédio da farmacopeia consciencial.

CONTEXTUALIZAÇÃO

Polinômio. A assistência qualificada envolve o polinômio acolhimento-orientação-encaminhamento-*follow-up*. O acolhimento tarístico envolve as 2 primeiras etapas do polinômio.

Definição. "O *acolhimento tarístico* é a abordagem, recepção ou contato interassistencial à consciência, intra ou extrafísica, realizada pela equipin e / ou equipex, com o propósito de esclarecê-la de modo franco e cosmoético sobre os traços de personalidade a serem reciclados, em prol da evolução" (V. **Ribeiro,** Ermania; ***Acolhimento Tarístico;*** verbete; In: **Vieira,** Waldo; Org.; ***Enciclopédia da Conscienciologia;*** verbete apresentado no *Tertuliarium / CEAEC,* Foz do Iguaçu, PR, em: 11.08.2016).

Tipologia. Eis 2 categorias de acolhimento tarístico, dispostas em ordem funcional.

1. **Acolhimento tarístico básico:** o efetuado pela equipin e / ou equipex por meio do uso de neoverpons alcançando reciclagens superficiais.

2. **Acolhimento tarístico avançado:** o efetuado pela equipin e / ou equipex por meio do uso de neoverpons avançadas alcançando reciclagens profundas e definitivas.

Acolhimento. O uso do acolhimento tarístico necessita de escuta, contato, cuidado, empatia, perdão, gratidão e compreensão das imaturidades, ignorância e irracionalidades alheias.

Holobiografia. O desenvolvimento desse traço, ao longo de várias vidas, pode ocorrer em qualquer contexto, sendo mais frequente em algumas funções, principalmente na área da terapêutica.

Cuidado. Uma opção para o desenvolvimento do cuidador, ao longo das vidas, poderia ser os atendimentos de feridos de guerra, leprosários, casas de saúde e hospitais. Acolher, cuidar dos feridos envolve o desenvolvimento da empatia e permite a assistência ao outro.

Remédios. A observação, cuidado e escolha no uso das ervas medicinais pelos curandeiros também pode ter influência no desenvolvimento desse perfil.

Detalhismo. A função do curador ou curandeiro requer detalhismo, precisa entender a doença, o medicamento e o doente. A observação da reação do doente ao medicamento já exige um raciocínio dinâmico, de acordo com a fisiologia.

Escuta. Na igreja, através do confessionário, os religiosos escutavam com atenção os pecados alheios, suas queixas e necessidades. Apesar de ser taconístico e anacrônico, foi um local onde era possível desenvolver o acolhimento ao longo da seriéxis.

Talentos. As habilidades desenvolvidas, ao longo das múltiplas existências, irão compor os tra*f*ores, traços-força, que alavancam o processo evolutivo da consciência. Os tra*f*ores são os talentos evolutivos.

Grupo. A partir do uso do seu melhor, a consciência pode assistir o seu grupocarma. Com esse exercício de assistência refina mais o traço, podendo atuar de maneira mais qualificada e eficiente em prol da evolução de todos.

Acesso. "O ato do acesso evolutivo a alguém ou a algo importante depende de, pelo menos, 7 categorias de trafores pessoais, aqui listados na ordem alfabética: autexperiência, autodiscernimento, autopriorização, convivialidade, cosmoética, força presencial, interassistencialidade (Vieira, 2014a, p. 81).

Fases. Sob a ótica da *Acolhimentologia,* eis 4 fases importantes no processo do acolhimento tarístico, em ordem lógica:

1. **Investigação:** acolhimento da consciência assistida através do abraço energético, objetivando a investigação das necessidades a serem atendidas.
2. **Esclarecimento:** por meio da intercomunicação o uso da dialética, lógica, razão, conteúdo empático e instrução.
3. **Demonstração:** o uso de posturas e ações reais promotoras de reciclagens e exposição da renovação pensênica a ser alcançada pelo assistido.
4. **Liberação:** a liberação e incentivo à autonomia do assistido através das autocuras.

Limites. Nem sempre é possível acolher e esclarecer. O esclarecimento poderá ficar para outra etapa, é o exercício de respeito ao nível evolutivo do assistido. Mas deve-se cuidar para não ocorrer omissões deficitárias.

Religiosidade. Para pessoas habitualmente acomodadas no bolsão holopensênico da religiosidade, a tares poderá escorregar para a tacon. É um risco. O Intermissivista já tem instrumentos e poderá se sair melhor nisso.

Intermissivo. Ao intermissivista, cabe esclarecer o seu assistido no limite da sua necessidade. Acolher e depois esclarecer, está aí o novo desafio, o "acolhimento tarístico". Após esclarecer, encaminhar para que o assistido ganhe autonomia.

Doença. A partir da compreensão de que a maior doença da humanidade é o assédio, o conceito de doença consciencial toma vulto. Para isso, só existe a autocura e o meio de chegar a essa condição é pela tares.

Taristicologia. A tares é o esclarecimento fraterno: informação evolutiva cosmoética.

Evitações. Eis, em ordem funcional, 12 posturas imaturas a serem evitadas pelo assistente tarístico, em todas as dimensões:

01. Acepção de pessoas
02. Fechadismo consciencial
03. Pensar mal dos outros
04. Postura trafarista
05. Preconceito
06. Vergonha
07. Orgulho
08. Arrogância
09. Discriminação
10. Impaciência
11. Indelicadeza
12. Truculência

Ciência. Todo arcabouço científico da Conscienciologia não tem sentido sem a especialidade da Interassistenciologia. "*O melhor da ciência é que nos faz mais próximos uns dos outros. Quando a Tecnologia nos separa, a Ciência desaparece*" (Vieira, 2014a, p. 78).

Especialidades. A Conscienciologia se estabelece a partir de várias especialidades. No tratado *Homo sapiens reurbanisatus*, o pesquisador Waldo Vieira (2004, p. 89) propôs, de início, 70 especialidades. Hoje (Ano-base: 2019) existem mais de 300 especialidades já identificadas.

Definição. "A *especialidade* da Conscienciologia é a área específica de pesquisa dentro do amplo universo de investigação da consciência analisada de modo *inteiro* ou integral, sendo, em tese, campo do conhecimento cosmoético e evolutivamente sadio para as consciências" (Vieira, 2004, p. 87).

Projeciologia. A Projeciologia foi a primeira especialidade a ser proposta. A partir do aprofundamento nas pesquisas, estudos e experimentações dos conscienciólogos, surgiram outras especialidades.

Assistenciologia. Um exemplo disso é a Assistenciologia. Não basta sair do corpo (Projeciologia), o mais importante é usar esse fenômeno com lucidez no extrafísico para assistir as consciências intra e extrafísicas.

Princípio. Ao assistir, automaticamente recebe-se assistência. Um dos princípios da Conscienciologia é que o assistente é o primeiro a ser assistido.

Interassistenciologia. "A *Interassistenciologia* é a especialidade da Conscienciologia aplicada aos estudos e pesquisas das técnicas de assistência, proteção, amparo e auxílio interconsciencial, notadamente aos efeitos para a consciência considerada "inteira", holossomática e multimilenar, com vistas à holomaturidade ou ao trabalho de solidariedade lúcida entre as consciências no caminho aberto para a megafraternidade" (V. **Vieira,** Waldo; ***Interassistenciologia;*** verbete; In: **Vieira,** Waldo; Org.; ***Enciclopédia da Conscienciologia;*** verbete apresentado no *Tertuliarium / CEAEC,* Foz do Iguaçu, PR, em: 21.11.2007).

Materpensene. A partir das habilidades e talentos, a consciência se afiniza com uma especialidade assistencial ligada a um materpensene.

Autevoluciologia. "O materpensene da *Instituição Conscienciocêntrica* (IC) é a essência da sua razão pessoal. O voluntário da Conscienciologia há de observar a convergência do seu materpensene com o materpensene da IC" (Vieira, 2014a, p. 334).

Produtividade. O local ou Instituição Conscienciocêntrica que mais se encaixa à sua especialidade irá render maiores frutos evolutivos ao intermissivista.

Especialidade. "A IC determina seu materpensene de acordo com a especialidade de interesse, fazendo a convergência dos pesquisadores interessados em determinado campo de pesquisa" (Kunz, 2016, p. 107).

Taxologia. Eis, por exemplo, em ordem alfanumérica, 5 atividades interassistenciais da Conscienciologia e as especialidades relacionadas:

1. **Conscienciometria.** Conscienciometrologia.
2. **Conscienciorerapia.** Conscienciorerapeuticologia.
3. **Docência.** Parapedagogiologia.
4. **Gesconografia.** Gesconologia
5. **Tenepes.** Tenepessologia.

Evolução. O grande motor da evolução é a interassistência, ajudar outras consciências a recuperarem a lucidez e o discernimento promove assistência reversa. O assistente é o maior assistido. Evoluímos quando ajudamos os outros. Sozinhos evoluímos mais devagar.

O *ACOLHIMENTO TARÍSTICO,* **CONQUISTA MULTIMILENAR DA CONSCIÊNCIA, ENVOLVE O APRENDIZADO DO** *ABERTISMO HOLOSSOMÁTICO* **PELA** *EMPATIA EVOLUTIVA* **NA ASSISTÊNCIA.**

13. Conscienciot erapia

> "A Consciencioterapia trata os evolucientes, ou seja, quem evolui. Portanto, todos são doentes pois estão em evolução, não sendo acabados ou completos em seus desenvolvimentos."
>
> Waldo Vieira (2014b, p. 413)

RELATO

Em 23.08.2015, iniciando o voluntariado na OIC observo muitos pensenes a respeito da minha caminhada até aqui. Por que não me abri antes para o voluntariado na OIC? O que me impedia? Falta de autocognição? Autassédio? Obnubilação mental?

O próprio processo de adaptação em Foz do Iguaçu, a transição de cidade, cultura, amizades e voluntariado não deixaram espaço para esse tipo de decisão? Muitas informações, pouco foco e baixo autodirecionamento?

Ainda me sinto burlando leis por estar na Cognópolis voluntariando, estudando, escrevendo e tendo a autopesquisa como a prioridade do momento de vida. Parece que nada disso faz sentido quando busco a memória da infância e os valores nos quais fui criada.

Será que é isso mesmo? Não estaria louca e preguiçosa passando a vida dessa forma? Onde fica a continuidade da conquista pela carreira profissional e de status *social? Percebo confusão e autoconflitos em relação aos temas da carreira profissional e do poder temporal. De onde vim? Para onde vou? O que estou fazendo aqui? Quem sou eu de fato?*

Fica evidente o nível de autoconflito perante o funcionamento a partir dos valores pessoais anacrônicos e ao mesmo tempo o reconhecimento dos valores evolutivos assumidos no recente Curso Intermissivo. É o desafio atual!

Acordo e durmo com essas perguntas e reflexões, são autoconflitos sérios. Estar sendo atendida na OIC na condição de evoluciente me ajuda no processo de entendimento dessas questões e auxilia a recuperação de cons do CI.

Enquanto permanecer defendendo território (autoimagem) estarei atuando anticosmoeticamente. Urge pensar mais no melhor para todos. Às vezes sou míope em relação a essa escolha. Melhor para mim? Para minha família? Para o grupo? Qual o grupo?

Observo que a realização da proéxis abre portas intraconscienciais e depende do aumento do nível de autoconsciencialidade, pois à medida que realizo o voluntariado conscienciológico, as metas e objetivos existenciais parecem mais claras.

O exercício contínuo da assistência tarística promove a contínua recuperação de cons e o reajuste de rota proexológica desperta o ego intermissivista.

Ao participar do curso Imersão Projecioterápica, em fevereiro de 2015, lembrei que o primeiro curso de campo feito em Salvador, na Bahia, o Imersão Projecioterápica em 2011, foi o primeiro curso de campo após um afastamento de 10 anos da Conscienciologia.

Conheci a Conscienciologia em 1996, em uma palestra pública em Irecê-BA (cidade onde nasci e residia), realizada pelo professor Hilton Gunça. Participei de cursos, grupos de estudos de 1996 até 2000. Em dezembro de 1998 fiz ECP1 e o primeiro ECP2 no Rio de Janeiro, tendo como epicon o professor Waldo Vieira.

Depois disso, afastei-me e só retornei em 2010 a convite do professor Hilton para uma palestra no IIPC de Salvador, quando soube do curso de Imersão Projecioterápica e decidi participar.

Também retornei ao voluntariado no IIPC de Salvador, renovando os conhecimentos através dos cursos curriculares da Instituição, ao modo do CIP, ECP1, Assistenciologia.

Ao refazer o ECP1, verifiquei as anotações do primeiro que participei, em 1998, no Rio de Janeiro. Entre as metas de longo prazo estava cursar a faculdade de Psicologia. Não lembrava mais dessa meta estabelecida.

Iniciei o curso de Psicologia ao mudar de Irecê para Salvador, em 2006, concluindo em 2011, ano em que já estava engajada no voluntariado conscienciológico em Salvador.

Esses fatos se tornaram evidências do meu compromisso com a Conscienciioterapia, que só vim a descobrir depois de 2 anos de voluntariado na OIC. A lógica desse raciocínio está na atração do grupo relacionado à assistência programada no CI antes da ressoma.

Após alguns meses de voluntariado na OIC e sendo atendida na conscienciioterapia, ainda restavam dúvidas se queria atuar como conscienciioterapeuta. Estava apegada à possibilidade de ser docente do ECP1 no IIPC.

As duas funções não podem ser executadas juntas, ou seja, conscienciioterapeutas não podem dar aulas no curso do ECP1. Isso me deixou chateada, não queria abrir mão. Continuava no voluntariado do IIPC como executiva nacional do ECP1, mas já tinha avisado à coordenação que iria me afastar.

Um experimento ajudou a clarear essa questão. No dia 25.08.2015, terça-feira, no caminho para a Holoteca, para escrever, percebi lateropensenes relacionados aos laboratórios.

Não costumava fazer laboratório dia de terça-feira. Houve sugestão dos amparadores através da pensenização com ideia de fazer um laboratório naquela manhã. Decidi atender ao insight *e fazer o experimento. O laboratório que estava vago era o da Autoparageneticologia.*

Fiz o experimento e o resultado foi a decisão de participar do curso de Imersão Projecioterápica de Foz. Eu já havia decidido antes que não iria fazer esse curso, tinha feito um em janeiro de 2015 e havia assumido o compromisso com outro curso de epicentrismo docente do IIPC.

Durante o relaxamento, no experimento do laboratório, veio a ideia de que deveria abrir mão do curso do IIPC e fazer o Imersão Projecioterápica da OIC. Após o experimento, estava bem clara a decisão.

Concluído o laboratório, com a decisão tomada, fui almoçar no restaurante do CEAEC. Ao sentar-me, um colega da OIC falou comigo sobre a possibilidade de participar como trainee *de executiva do curso de Imersão Projecioterápica.*

Nesse momento de sincronicidade, avaliei que estava tudo certo, o convite só confirmou a decisão tomada durante o experimento. Tendo posicionado-me quanto ao voluntariado na OIC, o amparo investiu na minha presença no curso, ajudando no direcionamento para a especialidade escolhida e bem amparada.

Nessa mesma semana, na dinâmica da Seriexologia, percebi amparadoras femininas com holopensene de maternagem e seriedade. Padrão que conheço do extrafísico, com energia relacionada a acolhimento e cuidado.

Na minha hipótese, as amparadoras poderiam estar ligadas ao novo voluntariado na OIC. Se essa for minha especialidade, ao começar o trabalho, abro espaço para o amparo de função.

Depois de todos esses acontecimentos, ficou evidente a necessidade de priorizar o trabalho a ser feito, naquele momento evolutivo, com a Conscienciοterapeuticologia. Focar na busca da especialidade, perceber o tempo perdido e produzir.

Reconheço minha disposição para o trabalho voluntário, faço-o com prazer e há muito trabalho a ser feito na OIC, pois estou chegando no momento propício para mim e para o grupo. Momento de renovação e de mudanças positivas.

CONTEXTUALIZAÇÃO

Conclusão. Eis enumeradas, 9 evidências, fatos, parafatos e sincronicidades, indicadoras da confirmação de que a Conscienciοterapia estaria dentro da minha programação existencial, relacionada à especialidade proexológica:

1. Durante o ECP1 no Rio de Janeiro, em 1998, ter colocado como meta de longo prazo cursar Psicologia.
2. Retorno para o voluntariado da Conscienciologia em 2010, na Bahia, atrelado à participação no curso Imersão Projecioterápica (curso da OIC).

3. *Insight* dos amparadores, no campo da Holotecologia (2014) e na dinâmica do CEAEC, promovendo a autorreflexão sobre a especialidade proexológica.

4. Resultado do curso da APEX, Diretrizes da Proéxis, ser as duas especialidades Conscienciot erapia e Conscienciometria.

5. Evidência no laboratório da Autoparageneticologia sobre o foco na OIC e desligamento do IIPC (2015).

6. O holopensene da saúde ser bastante presente nesta vida: duas faculdades nessa área: Farmácia Bioquímica e Psicologia. Além das formações (Biossíntese) e especializações (Psicologia Positiva).

7. Alegria e bem-estar ao participar da *Semana da Conscienciot erapia da OIC*. Sentimento de pertencimento ao grupo. Sensação de chegar em um lugar que desejava, mas não sabia onde era. A mesma sensação de chegada à Cognópolis, porém agora com mais foco e maior autolucidez.

8. Hipótese pessoal de paraprocedência: pombal, hospital extrafísico. Relação com a hospitalidade e o acolhimento.

9. Confirmação de uma consciex, em curso de campo da *Consecutivus* (2016) através do fenômeno da psicofonia, sobre minha passagem pela *Escola de Salerno*, também ligada ao holopensene da saúde.

Proéxis. Reajustar o ponteiro da proéxis de maneira a atuar como minipeça dentro da especialidade proexológica dinamiza os autesforços da conscin, já que estão alinhados às habilidades, talentos, trafores e materpensene.

Materpensene. "O materpensene (mater + pen + sen + ene) é a ideia-mãe, a matriz de todo desenvolvimento de tese, teoria ou ensaio, o *leitmotiv*, o pilar mestre ou o pensene predominante em qualquer holopensene" (V. **Vieira,** Waldo; ***Materpensene;*** verbete; In: **Vieira,** Waldo; Org.; ***Enciclopédia da Conscienciologia;*** verbete apresentado no *Tertuliarium / CEAEC*, Foz do Iguaçu, PR, em: 08.08.2008).

Técnica. "A *técnica da identificação do materpensene pessoal* é o conjunto de procedimentos de autoinvestigação, fundamentados no processo cíclico de análise e síntese das ações, interesses e escolhas pessoais, auxiliando o pesquisador a promover a autabordagem realista quanto ao pensene raiz pessoal ou o pensene promovedor do próprio holopensene" (V. **Kunz,** Guilherme; ***Técnica da Identificação do Materpensene Pessoal;*** verbete; In: **Vieira,** Waldo; Org.; ***Enciclopédia da Conscienciologia;*** verbete apresentado no *Tertuliarium / CEAEC,* Foz do Iguaçu, PR, em: 18.04.2019).

Hipótese. A técnica da identificação do materpensene pessoal foi utilizada, em preceptoria com especialista no assunto, para identificação do meu materpensene. Como hipótese, foi identificado o materpensene *intervenção consciencial.* Isso significa que posso ter feito intervenções conscienciais, nem sempre cosmoéticas, ao longo das múltiplas vidas.

Início. Porém posso ter iniciado um movimento de utilização da intervenção consciencial de maneira assistencial em retrovida crítica sendo a razão pela qual fui convidada para o Curso Intermissivo antes desta atual ressoma.

Qualificação. Neste momento evolutivo, tenho a oportunidade de qualificar a intervenção consciencial, usando a cosmoética, na condição de consciencioterapeuta no voluntariado da OIC.

Alinhamento. "O alinhamento da atividade realizada pela conscin com o materpensene pessoal ocasiona maior motivação na consecução das atividades" (Kunz, 2016, p. 103).

OIC. A Organização Internacional de Consciencioterapia (OIC) é a Instituição Conscienciocêntrica sem fins lucrativos e mantida pelo trabalho voluntário, responsável pelo desenvolvimento e manutenção da especialidade Consciencioterapeuticologia. O seu materpensene é a *Consciencioterapia.*

Voluntariologia. "O fator prevalecente no autodesempenho define o materpensene pessoal. Quanto mais adaptado ao da IC, maior a produtividade" (Kunz, 2016, p. 107).

Aplicação. A prática da Consciencioterapia está assentada em técnicas da Conscienciologia e da Consciencioterapeuticologia, baseadas no Paradigma Consciencial.

Diferencial. O diferencial terapêutico da Consciencioterapia é a abordagem da consciência inteira, considerando seus veículos de manifestação (o holossoma), as bioenergias, o parapsiquismo, a projeção consciente, a vivência de múltiplas vidas e a multidimensionalidade do *Cosmos.*

Conscienciopterapia. "É a especialidade da Conscienciologia que estuda o tratamento, alívio ou remissão de patologias da consciência, executados através dos recursos e técnicas derivados da abordagem da consciência inteira, em suas patologias e parapatologias, profilaxias e paraprofilaxias" (Vieira, 1999, p. 39).

Holossomatologia. "É muito mais importante ter como valor o holossoma e não apenas o soma, a vida milenar da conscin e não apenas a existência atual" (Vieira, 2014a, p. 255).

Atividades. O *Campus* da OIC, localizado em Foz do Iguaçu, foi fundado em 2003. Desde 2014 estabeleceu núcleo em São Paulo e em 2019 no Rio de Janeiro. As atividades da OIC se expandem em vários estados do Brasil e do exterior. As atividades são atendimentos conscienciopterápicos individuais e grupais, palestras, debates e cursos de campo.

Voluntariado. Sendo uma IC de saúde e voltada para terapêutica e paraterapêutica, o voluntariado da OIC é bastante específico e especializado. É composto de médicos e psicólogos formados ou em formação que tenham por objetivo atuarem como conscienciopterapeutas.

Aplicação. As duas formas de aplicação da Conscienciopterapia são a Autoconscienciopterapia e a Heteroconscienciopterapia.

Ambiente. Os atendimentos heteroconscienciopterápicos são realizados em ambiente tecnicamente preparado por 2 ou, eventualmente, 3 conscienciopterapeutas, atuantes em cooperação com os amparadores extrafísicos, visando auxiliar o evoluciente a alcançar a autocura.

Evoluciente. "O evoluciente é a consciência que, saturada de si mesma, não é mais paciente ou passiva, e esboça a intenção clara de evoluir mais rápido, assumindo para si a responsabilidade sobre sua saúde e evolução, se utilizando de técnicas e métodos (autoconscienciopterapia) para fazer os ajustes e acertos nas próprias energias, emoções e ideias, refletindo em suas atitudes e no próprio holossoma." (Takimoto, 2006, p. 13).

Autorresponsabilidade. A condição de evoluciente é uma postura positiva e ativa da consciência interessada em promover sua evolução, buscando manifestar-se com mais saúde consciencial e tomando para si a responsabilidade da mudança ou reciclagem de traços que atravancam seu desenvolvimento.

Fases. Didaticamente, a consciencioterapia se divide em 4 fases: autoinvestigação, autodiagnóstico, autenfrentamento e autossuperação. "A nossa maior ignorância está em nos ignorarmos. Você conhece você?" (Vieira, 2014a, p. 250).

Resultados. A consciencioterapia é uma ferramenta evolutiva. O evoluciente poderá utilizá-la em qualquer momento evolutivo. O sucesso da autoconsciencioterapia só depende dos autesforços empregados pelo evoluciente, já que tem como premissa fundamental a autocura a partir de posicionamentos e ações cosmoéticas.

Cosmoética. Quanto mais cosmoética a consciência, mais saúde consciencial ela terá. Eis o princípio da evolutividade relacionado à Autoconsciencioterapia.

***A** AUTOCONSCIENCIOTERAPIA **É A** FERRAMENTA AUTEVOLUTIVA **PROMOTORA DA** SAÚDE CONSCIENCIAL **CAPAZ DE IMPRIMIR EFICÁCIA E EFICIÊNCIA ÀS** RECÉXIS **E ÀS** RECINS.*

14. Alfabetização Assistencial

"No desenvolvimento da interassistencialidade devemos ser o **céu** na Baratrosfera, assim como o oásis é no deserto."

Waldo Vieira (2014b, p. 329)

RELATO

Dia 02.11.2015, após o atendimento na conscienciοterapia, entrei em autorreflexão e percebi que está ficando mais claro, a cada momento, o nível de egocentrismo que ainda vivencio.

Direciono muita energia para autodefensibilidade e ainda estou envolvida psicossomaticamente nas questões da família nuclear. Uso pouca energia para assistência mais ampla.

Concluo que o aprendizado do egocídio é o mais importante dessa nova fase de vida em Foz, na Cognópolis. O quanto estou disposta a abrir mão do meu "mundinho" e me abrir para a condição de minipeça do maximecanismo? Ou vou continuar defendendo meu território, permanecendo autencastelada?

Essa sensação de defasagem na assistência me leva a perceber uma forma de funcionar psicomotora, com pouco uso da reflexão. Vem a ideia de que em outras vidas estava acostumada a cruzar os mares, buscar novas terras e conhecer novos horizontes. Temperamento extrovertido e psicomotricidade exacerbada.

Um vício em pensar que a produtividade pessoal está atrelada ao movimento somático e ao reconhecimento pelo outro. Essa última necessidade tem raiz na carência emocional derivada das vidas artísticas, no uso histriônico do soma.

Permanecer sentada, escrevendo ou exteriorizando energias, parece improdutivo. Qual a importância de trazer ideias novas e não só mercado-

rias novas? Por que desacelerar o soma para ativar o mentalsoma? Sair do foco no externo, da superficialidade e da defesa da autoimagem seria o caminho para promover as reciclagens íntimas no momento?

Qual faceta da minha intraconsciencialidade devo acessar e conhecer? Quantos de nós sabe o caminho para a desperticidade e não avança? Medo do desconhecido, mesmo que seja positivo? Condicionamento religioso de vidas materialistas e desorganizadas? Quais certezas íntimas petrificadas, cronicificadas, distorcidas e de fontes obscuras impedem o avanço e cerceiam a manifestação com maior lucidez?

Agora temos a bússola do Curso Intermissivo, o momento extrafísico de maior discernimento e autolucidez. Não há de faltar ideias e novidades dessa experiência, cabe-nos fazer o download *e acessar as informações depositadas na memória do paracérebro. O acesso é livre, avante, temos o código e a chave, é só desvendar.*

Deixemos nos levar pelas ideias de fraternidade e pacificação íntima. Já é tempo de acostarmos nas praias de galáxias mais distantes que o nosso umbigo terrestre. Para isso é necessário o ajuste da bússola interna, aumentar o nível de autopercepção, autocognição e autenfrentamento para qualificar a assistência.

Importante saber que nosso público-alvo de assistência são as consciências ou grupo de consciências afins. Ou seja, velhos companheiros da estrada da evolução que por um motivo ou outro (autocorrupção) foram deixando de avançar no aprendizado evolutivo, deixando de reciclar trafares e ficaram no acostamento da estrada da evolução.

Para esses, somos senha, já conviveram conosco, conhecem a nossa energia e manifestação, mesmo que tenhamos mudado um pouco em relação ao tempo em que convivíamos, é possível nos reconhecermos. Através de uma sensação de familiaridade, afeto positivo ou negativo.

Depois do Curso Intermissivo, adquirimos mais lucidez em relação a essa responsabilidade interassistencial e sabemos que temos rapport *com essas consciências pelos traços conscienciais em comum. Através desse* rapport *será mais fácil acessá-las agora e mais intensamente no próximo período intermissivo.*

Professor Waldo Vieira dizia que não encontramos ninguém nessa vida, que não tenhamos tido relação em outra existência. Esse fato é acachapante e leva à reflexão diária nos contatos interpessoais.

É cosmoético fazer a nossa parte, priorizar a tares, já que somos uma senha para esse grupo e temos as ferramentas ideais para atendê-lo. Já é hora de começar o trabalho.

Se o médico não comparece ao seu plantão, os pacientes ficam sem atendimento. O médico estudou anos para adquirir conhecimento suficiente para atuar na profissão. Durante sua formação, foi atendendo seu público-alvo de pacientes.

Assim é na assistência tarística ao longo dos cursos, formações, conscienciometria, conscienciοterapia. Dentro do Paradigma Consciencial iniciamos a tarefa assistencial, atraindo e assistindo nosso público-alvo ao mesmo tempo em que somos assistidos.

Saber que, ao sentar e escrever, abro a possibilidade de receber ideias do amparo para dinamizar a evolução de quem no futuro nos lerá, ajuda a investir em mais quietude. Entender que faço parte do movimento da Reurbex Planetária me ajuda nessa acalmia e pacificação íntima.

Avante amigos evolutivos, usemos as caravelas do mentalsoma. Temos mares de páginas a serem escritas e lidas. Águas profundas do ser consciencial a serem descobertas através da autopesquisa.

Inovar-se, promover reciclagens íntimas, parece ser mais emergencial para o intermissivista, nesta vida, do que inovar em formas de conforto material para a humanidade. Esse tempo já passou, agora é o tempo da intraconsciencialidade, da reciclagem no osso para edificação de novos tempos conscienciais no Planeta. Eis o desafio dos intermissivistas do Século XXI!

No meu caso, o maior desafio, neste momento evolutivo, é recuperar os cons relacionados à Conscienciοterapia. Já tenho todos os pré-requisitos para iniciar a formação e atuar no voluntariado profissional como conscienciοterapeuta na OIC. O que me impede? Falta de posicionamento íntimo? Medo da responsabilidade?

Nada disso deve ser fator impedidor para assunção dessa tarefa assistencial que trará frutos evolutivos para mim e para o grupo. Um crescendo na aprendizagem assistencial evolutiva.

CONTEXTUALIZAÇÃO

Assistência. Em analogia ao processo da alfabetizagem na escrita, a *alfabetização assistencial* consistiria no aprendizado da assistência e de sua utilização como código de fraternismo ao longo da seriéxis.

Código. Em termos gerais, a alfabetização é a apropriação da escrita que consiste no aprendizado do alfabeto e de sua utilização como código de comunicação.

Processo. De modo mais abrangente, é definida como processo no qual o indivíduo constrói a gramática e em suas variações, sendo chamada de alfabetismo a capacidade de ler, compreender, escrever textos e operar números.

Produção. Esse processo não se resume apenas na aquisição dessas habilidades mecânicas (codificação e decodificação) do ato de ler, mas na capacidade de interpretar, compreender, criticar, ressignificar e produzir conhecimento.

Analfabeto. O analfabeto funcional é aquele que adquiriu as habilidades mecânicas do ato de ler, porém não consegue interpretar textos, tem baixa capacidade crítica, de fazer analogias e de associação de ideias.

Analogia. Em analogia ao analfabeto funcional, esse fenômeno pode ser observado entre os intermissivistas no que diz respeito à tarefa assistencial da tares, caracterizando o *analfabetismo funcional na assistência.*

Negligência. O analfabeto funcional na assistência, ao ressomar, esquece ou negligencia sua condição intermissiva e deixa de assistir seu público-alvo, apesar de ter passado pelo CI no qual pôde: adquirir conhecimentos e experiências sobre a assistência tarística; conhecer sua holobiografia; seu grau de interprisão grupocármica (grafado no saldo da sua FEP); planejar a autoproéxis e chancelar o autocompromisso junto ao evoluciólogo.

Analfabetismo. "O *analfabetismo funcional na assistência* é a condição de a conscin intermissivista, homem ou mulher, conhecedora teórica dos conceitos, atitudes e posturas tarísticas, contudo incapaz de compreender, na prática, as necessidades do assistido, no contexto proexológico e evidenciando jejunice evolutiva sustentadora de interprisão grupocármica" (V. **Ribeiro,** Ermania; ***Analfabetismo Funcional na Assistência;*** verbete; In: **Vieira,** Waldo; Org.; ***Enciclopédia da Conscienciologia;*** verbete apresentado no *Tertuliarium / CEAEC,* Foz do Iguaçu, PR, em: 05.04.2019).

Taxologia. Eis, em ordem funcional, 3 tipos de analfabetismos funcionais na assistência observados entre os intermissivistas voluntários da Conscienciologia:

1. **Minianalfabetismo funcional na assistência:** aquele do intermissivista sem empatia nos acolhimentos conscienciais.
2. **Maxianalfabetismo funcional na assistência:** aquele do intermissivista sem desenvolvimento do autoparapsiquismo tarístico.
3. **Meganalfabetismo funcional na assistência:** aquele do intermissivista não praticante da tenepes e sem cosmovisão paradireitológica.

Assistencialidade. A alfabetização assistencial é um processo em que a consciência constrói, ao longo da seriéxis, a capacidade assistencial e suas variações, adquirindo as habilidades de observar, entender, aproximar, empatizar, acolher e assistir as consciências em suas necessidades evolutivas.

Princípio. O principio básico da *alfabetização assistencial* seria o interesse genuíno no bem-estar do outro. A complexificação dessa tarefa está ligada ao desenvolvimento da cosmoética, discernimento e lucidez para ponderar sobre o momento evolutivo do assistido e suas limitações.

Tipos. Podemos classificar o processo de aquisição da assistencialidade em 2 tipos:

1. **Tacon.** Assistência primária, ainda egoica, baseada na culpa ou na consolação. Pode resolver problemas básicos de fome, moradia,

auxílio-doença. Porém, na maioria das vezes, não ajuda o assistido em sua transformação íntima de postura pedinte. É comum entre os religiosos e políticos.

2. **Tares.** Assistência mais qualificada que envolve esclarecimento do assistido, mudança de postura íntima e renovação de ideias e manifestação consciencial. Objetiva trazer para o assistido uma nova visão, retirando-o da ignorância e da irracionalidade.

Polinômio. A tares envolve as etapas do polinômio *acolhimento-orientação-encaminhamento-follow-up*. Exige do assistente posturas de discernimento, lucidez, Cosmoética, Universalidade e autodefesa energética. *"A tacon é bom humor sem ser humor negro. A tares é seriedade sem ser severidade"* (Vieira, 2014a, p. 1069).

Escala. Ao analisar o comportamento ou manifestação consciencial de assistencialidade em cada nível da escala evolutiva, é possível concluir que a diferença na qualidade e quantidade da assistência entre uma consréu e uma Consciex Livre (CL) é extrema, de milênios.

Ética. A partir do uso e desenvolvimento da ética e da moral humana, algumas culturas adquiriram os bons hábitos de não matar, não roubar, não prejudicar o próximo e respeitar a opinião e a liberdade alheia.

Cosmoética. A ampliação desta visão da moral e da ética humana, que inclui uma ética cósmica, universal que abarca universos mais abrangentes e a multidimensionalidade, seria o início do desenvolvimento da compreensão da cosmoética.

Compreensão. O desenvolvimento da cosmoética envolve nova lógica que engloba todos os seres e coisas do universo na qual cada consciência vai compreender de acordo com o seu nível evolutivo. Essa compreensão irá influenciar a assistencialidade, pois qualifica o nível ou gabarito assistencial de cada indivíduo.

Qualificação. A vontade de ajudar e assistir o outro pode ser genuína, porém pode estar desqualificada se falta ética ou cosmoética. Exemplo disso é fazer o trabalho pelo colega da faculdade para que ele alcance boa nota, sem que ele se esforce para aprender o assunto que irá precisar em sua vida profissional.

Maternidade. Outro exemplo é a mãe que passa a mão na cabeça do filho quando este erra ao invés de deixá-lo aprender com as consequências dos próprios atos.

Tacon. A tarefa da consolação pode ser importante quando a consciência está aprendendo a assistir o outro e lhe oferece recursos básicos, mas ainda não ajuda a mudar de situação. É bem-vinda em alguns níveis evolutivos, por exemplo, de uma consréu ressomada ou pré-serenão vulgar.

Intermissivista. Para a conscin intermissivista, a tacon seria uma exceção a ser utilizada quando o assistido oferece limites ou que a necessidade urgente é nesse nível.

Eficácia. Sua *performance* assistencial será mais eficaz se utilizar mais a tares: esclarecer e ajudar o assistido a promover reciclagens e se tornar mais autônomo evolutivamente.

Exemplo. Passar a mão na cabeça de uma amiga intermissivista que prolonga, há anos, a sua decisão de iniciar o voluntariado conscienciológico, porque não quer abrir mão de hábitos como suprir a carência emocional com uso de álcool e amizades infrutíferas.

Tares. O mais tarístico seria colocar seu posicionamento para a amiga, explicar que observa nela os potenciais de intermissivista e que está perdendo tempo em relação a sua proéxis. Depois disso, não a acompanhar mais em suas saídas e pagar o preço de vê-la aborrecida ou triste. Pode ser que essa amiga não se posicione, é direito de escolha dela, mas a tares foi efetuada.

Materialismo. Outro exemplo é do intermissivista escritor que só utiliza seu tempo para defender dissertação de mestrado e tese de doutorado, utilizando-se apenas do paradigma materialista newtoniano-cartesiano. Não escreve nada dentro do Paradigma Consciencial e não utiliza os conhecimentos adquiridos no CI para esclarecer seu público-alvo.

Hedonismo. O intermissivista que desperdiça seu tempo em farras e perde a lucidez com uso de drogas e entorpecentes está sendo anticosmoético consigo mesmo. Não utiliza o tempo e os veículos de manifestação para atuar no nível assistencial que já sabe e pode. Perde a oportunidade de realizar a sua proéxis em troca do prazer hedonista.

Amaurose. A condição da amaurose exemplifica uma manifestação abaixo do patamar evolutivo do que a consciência já é capaz. Significa atraso evolutivo que poderia ser caracterizado pelo autoguiamento amaurótico.

Definologia. "O *autoguiamento amaurótico* é a condição de autassédio da conscin, homem ou mulher, sujeita às automimeses regressivas e aos autenganos gerados a partir das distorções autopensênicas e interpretações equivocadas de fatos e parafatos, mesmo tendo acessado as verpons conscienciológicas, orientando a própria conduta à margem do paradigma consciencial e da evolução lúcida" (V. **Oliveira,** Gelson; ***Autoguiamento Amaurótico;*** verbete; In: **Vieira,** Waldo; Org.; ***Enciclopédia da Conscienciologia;*** verbete apresentado no *Tertuliarium / CEAEC,* Foz do Iguaçu, PR, em: 30.09.2017).

Tipologia. Sob a ótica da *Conscienciometria,* eis, por exemplo, na ordem alfabética, 6 tipos de intermissivistas analfabetos funcionais na assistência, ainda carentes do senso de generosidade:

1. **Autodesorganizado:** não prioriza a assistência na rotina útil.
2. **Egoísta:** amaurótico, olha apenas para o umbigão, portador de egão, centro das atenções.
3. **Esbanjador:** faz mau uso dos aportes existenciais, perdulário e inadaptado.
4. **Ignorante:** desconhece a utilidade do holossoma na assistência.
5. **Irracional:** apresenta baixo discernimento no exercício da assistencialidade.
6. **Pedinte:** queixoso, exigente e vampiro energético.

Umbigo. Aprender a assistir o outro e deixar de olhar apenas para o seu próprio umbigo faz parte da evolução da consciência. A cada nível da escala evolutiva a consciência vai alcançando aprendizados que incorporados irão criar neossinapses assistenciais.

Autenfrentamento. O analfabetismo funcional na assistência poderá ser superado pelo autenfrentamento no uso dos talentos e no desenvolvimento de neo-habilidades pelas repetições das autexperiências cotidianas interassistenciais.

Teaticologia. Pela *Parapedagogiologia,* o aprendizado da interassistência lúcida se daria em 3 tempos didáticos. Eis, em ordem funcional, a sequência formativa da alfabetização assistencial evolutiva:

1. **Formação:** adquirida ao longo da seriéxis nas atuações assistenciais.
2. **Capacitação:** adquirida no Curso Intermissivo, nas aulas práticas sobre fraternismo, cosmoética e evolução.
3. **Aperfeiçoamento:** adquirida na ressoma após o Curso Intermissivo, através dos atos e ações interassistenciais tarísticas na função de amparador intrafísico.

Pré-Intermissiologia. A etapa do aperfeiçoamento está diretamente relacionada à Pré-Intermissiologia, treinamento intrafísico visando à preparação para a próxima intermissão, onde o intermissivista irá resgatar os antigos companheiros que ficaram para trás na baratrosfera.

Universidade. A Conscienciologia pode ser considerada a *Universidade da Assistenciologia* e as Cognópolis, com seus *Campi,* sendo os laboratórios onde os intermissivistas têm a oportunidade de aperfeiçoar e praticar a aprendizagem para atuarem em alto nível assistencial no próximo período intermissivo.

Terapeuticologia. Sob a ótica da *Autorrecexologia,* eis, na ordem alfabética, 6 recursos terapêuticos indicados ao intermissivista interessado na remissão do analfabetismo funcional na assistência, no âmbito familiar, social, profissional e no voluntariado conscienciológico:

1. **Autocapacitação:** tornar-se conscin-medicamento; assentar a saúde holossomática pela assistência interconsciencial; buscar o entrosamento entre assistência e recins; adquirir o hábito do desenvolvimento de gescons (artigos, verbetes e livros).
2. **Autoconscienciometria:** aplicar criteriosamente a técnica do Conscienciograma, completando o gráfico conscienciométrico; repetir a análise periodicamente e comparar as reciclagens, efetuadas ou não.

3. **Autoconsciencioterapia:** utilizar a autoconsciencioterapia para fazer os ajustes reciclogênicos e, ao surgimento de gargalos evolutivos, buscar ajuda heteroconsciencioterápica.

4. **Autoparapsiquismo:** frequentar assiduamente dinâmicas parapsíquicas para auto e heterodesassédio, interassistências e desenvolvimento parapsíquico; valorizar os extrapolacionismos parapsíquicos da tenepes e a assistência multidimensional.

5. **Autorreeducação:** desenvolver a empatia com as conscins e consciexes; adquirir o respeito ao *timing* do grupo de assistidos; promover a reeducação da autopensenidade e exercitar o princípio assistencial de não pensar mal do outro.

6. **Autovoluntariado:** valorizar as oportunidades multidimensionais do voluntariado conscienciológico, adquirindo performance criteriosa e teática interassistencial dentro dos princípios da cosmoética.

Remissão. Cabe ao intermissivista analfabeto funcional na assistência aproveitar a oportunidade evolutiva, enfrentar seus gargalos e autossuperar essa condição, manifestando sua real consciencialidade no patamar correspondente à sua posição de Conscienciólogo na escala evolutiva.

A alfabetização assistencial ***tem início no*** *be-a-bá* ***taconista, se desenvolve por meio do*** *voluntariado profissional tarístico* ***e pelo uso do*** *discernimento cosmoético.*

15. Formação do Consciencioterapeuta

"Os **intermissivistas** já possuem o certificado de pós-doutorado quanto aos recebimentos de aportes evolutivos, agora é necessário serem graduados em doações. *Assuma, não suma.*"

Waldo Vieira (2014b, p. 908)

RELATO

Portar um holossoma e gerenciar bem os veículos de manifestação requer da consciência ressomada elevado nível de autodiscernimento e lucidez contínua.

A condição da saúde holossomática engloba a conquista do autodesassédio através de níveis cada vez mais complexos de amadurecimento consciencial.

Amadurecer consciencialmente significa estar tão bem consigo mesmo que sobra energia para doação a favor da saúde e bem-estar do outro.

Essa condição do assistente saudável, hígido e coerente com a realidade, atraiu-me para o contexto da assistência através da consciencioterapia. Comecei a me interessar fortemente por essa função interassistencial.

Parece simples chegar a essa conclusão, mas não foi. Apesar da meta pessoal ser a formação para atuar na condição de consciencioterapeuta na OIC, o grande gargalo enfrentado foi a própria autoconsciencioterapia.

Após passar pelo processo heteroconsciencioterápico normal como evoluciente e posicionar-me perante os consciencioterapeutas sobre a decisão de encarar o próximo passo, iniciei a etapa dos atendimentos consciencioterapêuticos como candidata à formação.

Nessa etapa, há o aprofundamento do processo autoconsciencioterápico. A equipin e a equipex investem com intrepidez no acesso aos trafares do candidato para promoção da autocura necessária à tarefa vindoura, com auxílio do megatrafor como sustentador do processo de autenfrentamento.

Alguns exemplos de dificultadores como neófita candidata à consciencioterapeuta foram: chegar a um nível de autodesassédio capaz de suportar a mazela do outro sem se intoxicar e sem pensar mal deste; ultrapassar o paradigma fisicalista da formação profissional original; abrir mão de preconceitos e formalidades em relação a conceitos engessados da ciência convencional.

Houve um momento em que cheguei ao ponto de saturação e de escolha pela glasnost, *joguei a toalha da resistência, do uso de autoculpas e pseudoverdades. As desculpas esfarrapadas (autocorrupções) já não serviam mais.*

Estava à minha frente o desafio de sentar na cadeira do assistente, atuar no papel de minipeça e ocupar o meu lugar junto à equipe, no grupo de consciencioterapeutas da OIC.

Foi o melhor momento, quando aconteceu a virada. A partir da vontade firme no propósito, houve o autodesassédio necessário para assunção da condição de assistente profissional, dentro de uma instituição criada para esse fim e fortalecida em bases cosmoéticas. A vontade da consciência é maior do que sua patologia ou parapatologia.

Nossa turma do Curso para Formação do Consciencioterapeuta (CFC) *era composta de 3 candidatos, 2 androssomas e 1 ginossoma. Enfrentamos o desafio de uma formação intensiva, semanal, em 4 meses. Os 3 estavam dispostos a isso e os consciencioterapeutas da formação também. Foi gratificante perceber o esforço de todos em prol da meta evolutiva para o grupo: a chegada de novos consciencioterapeutas.*

Ao longo do CFC, houve ampliação da autopercepção com relação à memória do CI. Estava certa de que, naquele momento evolutivo, essa função seria a mais apropriada para convergência do uso de talentos e trafores já conquistados nas autexperiências evolutivas e que poderiam ser utilizados com eficácia nessa modalidade de interassistência.

O campo energético do CFC, composto pelos amparadores relacionados à Consciencioterapeuticologia e pelo holossoma das conscins presentes, somado ao holopensene do para-hospital do Campus *da OIC, proporcionaram a formação de um campo "revelador" da intraconsciencialidade dos candidatos.*

Veio à tona o que precisava ser trabalhado e ampliado para reciclagem íntima dos futuros assistentes.

A cada encontro, novos esclarecimentos, novos autodiagnósticos, novas ações de autenfrentamento e, aos poucos, foram surgindo tímidos indicadores de autossuperações.

O reconhecimento e utilização dos autotrafores da afabilidade, maternagem, feminilidade, suavidade, leveza e bom humor me ajudaram na etapa do autenfrentamento.

Com esse material da experiência vivenciada durante o CFC, o artigo para a apresentação no dia da formatura ia sendo gestado.

Troquei de tema 3 vezes, pois somente no final do curso ficou evidente para mim a questão da autossujeição na relação afetivo sexual.

Todos os colegas já haviam sinalizado esse fato, eu, porém, não aceitava, até experimentar situações e contextos que explicitaram a necessidade de chegar a esse autodiagnóstico!

Não é fácil escrever e elaborar um artigo e uma apresentação passando pela peneira do CFC. Porém, a escrita das vivências ajuda na elaboração e organização da compreensão do processo consciencioterapico. Ao final, a fórmula dá certo e nasce o rebento: descabelado, cambaleante, mas firme no propósito!

Foram momentos de alegria íntima e vivência do estado de primener no final da formação. Uma experiência rica, profunda e esclarecedora. Uma oportunidade de crescimento evolutivo ímpar: minipeça atuante na equipe do hospital multidimensional da OIC.

CONTEXTUALIZAÇÃO

Proposição. A especialidade *Consciencioterapia* foi proposta pelo pesquisador Waldo Vieira em 1988. Envolve a autoconsciencioterapia e a heteroconsciencioterapia.

Consciencioterapia. "Conjunto de técnicas, procedimentos e métodos da Consciencioterapeuticologia auto e heteraplicados ao tratamento, alívio e remissão de distúrbios e perturbações conscienciais realizados através da abordagem da consciência inteira, em suas patologias e parapatologias, profilaxias e paraprofilaxias" (DTMC, 2018).

Autoconsciencioterapia. O evoluciente, responsável pela promoção da autevolução, utiliza as técnicas e métodos da consciencioterapia, realizando a autoconsciencioterapia.

Heteroconsciencioterapia. A heteroconsciencioterapia envolve o atendimento ao evoluciente pelos consciencioterapeutas e paraconsciencioterapeutas no *Evolutiarium*. "Heterorremissão trabalhada de fora para dentro da consciência, centrípeta, através da heterajuda técnica" (Organização Internacional de Consciencioterapia; Dicionário Terminológico Multilíngue de Consciencioterapia, 2015).

OIC. Em 2003 foi fundada a Organização Internacional de Consciencioterapia (OIC), a Instituição Conscienciocêntrica responsável pelo desenvolvimento, manutenção e atualização das atividades e modalidades de atendimento utilizados no âmbito dessa especialidade

Formação. A OIC também realiza o Curso para Formação do Consciencioterapeuta (CFC), e a formação continuada da equipe por meio do Programa de Aperfeiçoamento do Consciencioterapeuta (PAC).

Curso. O CFC, *Curso para Formação do Consciencioterapeuta*, é a etapa intermediária entre a decisão da conscin em assumir sua autoproéxis relacionada à Consciencioterapeuticologia e o início da atuação consciencioterápica.

Holobiografia. Em tese, a formação do consciencioterapeuta se iniciaria no extrafísico durante seu CI, quando, ao rever sua holobiografia, chegaria à conclusão que esse tipo de atuação voluntária, no intrafísico, seria produtivo para sua evolução. Essa escolha estaria assentada nesse momento de maior autolucidez e autodiscernimento da consciência.

Megassensatez. "O *Curso Intermissivo* (CI) estabelece o *primado da megassensatez* no microuniverso da consciex intermissivista. As ações avançadas começam por aí, por meio das energias conscienciais. O CI prova para os intermissivistas que a aceleração da evolução consciencial é possível e prioritária" (Vieira, 2014a, p. 872).

Voluntariado. No intrafísico, essa formação se inicia no momento em que a conscin direciona suas escolhas para a assistência dentro do materpensene da Consciencioterapia. Desde o início do voluntariado, durante a participação como assistente nos grupos, monitoria e escrita dentro das atividades da OIC até a manutenção de postura pensênica assistencial multidimensional.

Programa. A realização do CFC tem como característica principal a concentração de esforços da equipe de consciencioterapeutas, responsáveis pela formação do neoconsciencioterapeuta, no sentido de fazer esclarecimentos específicos e primordiais à atuação deste. Porém, essa formação é contínua e se estabelece com o exercício diário na assistência, além da participação nas atividades de aperfeiçoamento.

Perfil. Pela *Conscienciometrologia*, eis explicitadas 2 principais tendências de interesse no perfil de manifestação da conscin imbuída nas tarefas assistenciais dentro da consciencioterapia:

1. **Parafisiologia.** Tendência a pensenizar, incluindo no estudo do soma e da sua fisiologia, a parafisiologia. Apresenta interesse pelo entendimento e aprofundamento da dinâmica de funcionamento dos veículos de manifestação, do uso dos atributos conscienciais e do mecanismo de funcionamento da consciência no fluxo do Cosmos. Aprimora o uso do micrótomo e da dissecção consciencial.

2. **Intervenção.** Tendência a apresentar materpensene relacionado à intervenção na área da saúde humana: clínica, cirúrgica, medicamentosa, psicológica ou psiquiátrica. Apresenta interesse em entender a consciência e as formas de intervenções assistenciais requeridas. Aprimora o uso da intencionalidade cosmoética.

Saúde. Essas tendências, poderiam indicar a atuação do consciencioterapeuta, em outras vidas, relacionadas à área da saúde, da intervenção terapêutica e parapsíquica em vários níveis.

Etapas. Para participar do CFC, o voluntário da OIC, graduado em medicina ou psicologia, tenepessista, docente em Conscienciologia e já atendido como evoluciente, faz uma entrevista junto à equipe responsável pela formação, que avalia junto com o candidato o momento de início aos atendimentos consciencioterápicos direcionados para formação. Após a alta dos atendimentos e com número suficiente de candidatos, inicia-se o curso.

Grupo. Seguindo o princípio da grupalidade, a metodologia utilizada no curso é a consciencioterapia em grupo. Os participantes trocam experiências, recebem *feedbacks* e esclarecimentos teáticos acerca da sua práxis. Também são utilizadas dinâmicas nos exercícios da prática na modalidade de atendimento individual e apoio na escolha e escrita do tema do artigo a ser apresentado no dia da formatura.

Tema. Esse tema, desenvolvido individualmente, o qual está intrinsecamente relacionado à experiência durante a formação, revela o ciclo autoconsciencioterápico percorrido pelo neoconsciencioterapeuta e comporá um artigo da revista científica *Conscientiotherapia.*

Campo. O campo energético formado durante o CFC, composto pelos candidatos, equipe da formação, amparadores e holopensene da consciencioterapia tem característica *sui generis.* É de acolhimento tarístico, onde a conscin revela sua intraconsciencialidade no exercício do despojamento, dividindo seu labcon com intencionalidade cosmoética.

Formatura. Os candidatos que preencheram os requisitos da formação, aptos a atuarem como consciencioterapeutas clínicos, expõem seus artigos e são apresentados ao público no dia da formatura. É um momento especial onde toda comunidade é convidada a conhecer os novos consciencioterapeutas em suas singularidades.

Competências. Eis, em ordem alfabética, algumas competências importantes a serem apreendidas e desenvolvidas pelo candidato durante o processo da formação:

1. **Egocídio.** Aprendizado de que, no contexto da consciencioterapia, o mais importante é o resultado da assistência para o evoluciente naquele exato momento evolutivo. É o exercício contínuo de abrir mão dos próprios interesses a favor do outro.

2. **Homologia.** Apreensão da sinergia formada pela dupla de atendimento, com origem em objetivos assistenciais, firmada no CI, com conexão holossomática entre si e com a equipe dos amparadores, imersos no campo energético em função do evoluciente e dos seus acompanhantes extrafísicos.

3. **Interassistencialidade.** Aprendizado constante do consciencioterapeuta em cada atendimento concretizado, o que contribui para as autorreciclagens. É o exercício de gratidão pela oportunidade de acolher, orientar e encaminhar desafetos do passado.

4. **Interconexão.** Exercício do desenvolvimento do parapsiquismo na prática da parceria ombro a ombro com os amparadores e a dupla de atendimento, na conexão com o campo consciencioterapêutico e com a rede de conexões do evoluciente.

5. **Intercompreensão.** Desenvolvimento de empatia, baseada no Paradigma Consciencial, onde há respeito pelo limite do assistido.

6. **Interconfiança.** Exercício de abrir mão do controle da situação, dividir responsabilidades e decisões sobre o evoluciente. Desafio de promover a integração e interconfiança gerador de crescimento, amadurecimento, aumento da autoconfiança e da força presencial energética.

7. **Interdependência.** Desenvolvimento da compreensão quanto à interdependência com o grupo de trabalho, incluindo a equipin e a equipex. É o exercício da tarefa cosmoética em grupo, resultado do somatório das individualidades.

8. **Tecnicidade.** Aprendizado da escolha eficaz no uso de abordagens acolhedoras, suaves ou impactantes, a depender da necessidade do evoluciente e nunca do apego do consciencioterapeuta.

Postura. A função de consciencioterapeuta requer posturas essenciais para manutenção da própria saúde consciencial, dentre estas: positividade, otimismo, organização financeira, disponibilidade assistencial multidimensional, autestima positiva, sexualidade e afetividade maduras.

Relacionamentos. A importância em manter-se afetivamente saudável deve levar o consciencioterapeuta a valorizar cotidianamente a qualidade dos relacionamentos na família, na dupla evolutiva, no trabalho profissional e no voluntariado.

Lazer. Usufruir de momentos de lazer que proporcionam bem-estar e higiene consciencial é uma recomendação importante. Quanto mais feliz estiver, maior qualidade na assistência. "O consciencioterapeuta há de ser uma conscin relativamente feliz e bem centrada. *Quem é feliz pode cuidar* ***muito melhor*** *de outra pessoa*" (Vieira, 1994, p. 431).

Papel. O consciencioterapeuta poderá atuar em vários contextos interassistenciais. Eis 3 contextos de atuação deste no voluntariado na OIC, em ordem funcional:

1. **Clínica.** Atuação na consciencioterapia clínica nos atendimentos consciencioterápicos individuais: pontual, regular, intensivo semanal e de final de semana e atendimentos de grupo: casal, família, temáticos, institucionais e imersão.
2. **Reeducação.** Atuação em abordagens consciencioterápicas reeducativas: palestras, *colloquium*, clube do livro, jornadas e encontros.
3. **Voluntariado.** Atuação no voluntariado administrativo, financeiro, agendamento, atendimento, gestão e receptivo.

Interdisciplinologia. O consciencioterapeuta também atua, de modo sinérgico, em outras equipes de voluntários, em contextos interassistenciais na CCCI, onde o papel é fundamental na composição da interdisciplinologia dentro da equipe de especialistas da Conscienciologia. Eis 3 contextos de atuação do consciencioterapeuta na CCCI, em ordem alfabética:

1. **AVA.** Apoio a Voluntários e Alunos;
2. **ECP2.** Curso de Extensão em Conscienciologia e Projeciologia 2;
3. **PROAD.** Programa de Aceleração da Desperticidade.

Minipeça. A partir da escolha em se colocar como pião multidimensional da assistência, o consciencioterapeuta assume o papel de minipeça dentro do maximecanismo com maturidade e influindo no âmbito da intraconsciencialidade durante sua assistência que repercute no processo da Reurbex Planetária.

Formação. A formação do consciencioterapeuta pela equipe da OIC atua como uma escola de profissionais da assistência multidimensional. Sua relevância está na chancela do epicentrismo de cada formando que irá assumir seu papel singular na evolução grupal.

O *CURSO PARA FORMAÇÃO DO CONSCIENCIOTERAPEUTA* ***CHANCELA A*** *ESCOLHA INTERMISSIVA* ***DE ATUAÇÃO EM HOLOPENSENE*** *TERAPÊUTICO* ***NO EXERCÍCIO DO*** *PARADEVER COSMOÉTICO.*

16. Laboratório da Duplologia

"A dupla evolutiva não constitui uma união de 2 somas, mas a união de **duas consciências** em evolução."

Waldo Vieira (2014b, p. 552)

RELATO

Experimentar semanalmente um laboratório do CEAEC tornou-se um dos itens da minha rotina útil em Foz (2015), com objetivo do autodesassédio e aumento da autocognição. A escolha do laboratório se baseava sempre na prioridade do momento: a questão a ser trabalhada na Autoconsciencioterapia.

Durante a formação para consciencioterapeuta, o laboratório da Duplologia foi o mais frequentado, foram mais de 10 experimentos naquela ocasião.

A razão é simples: reconhecimento de traços-fardo (carência afetiva, egoísmo, permissividade), ligados às dificuldades de relacionamento íntimo.

Apesar de reconhecer muitos trafores (acolhimento, empatia, assistencialidade) que me proporcionariam aplicar a técnica da dupla evolutiva, venho, ao longo desta ressoma, manifestando incoerências na área afetivo-sexual.

O primeiro indicador que me levou a pensar sobre a necessidade de investir na reciclagem profunda nessa área foi a análise da minha mesologia. Nascer no sertão nordestino, onde a mulher era vista como objeto ou posse e submissa ao homem, já mostra um perfil de interprisão grupocármica.

Outro indicador foi o exemplo da relação de casal entre os meus pais, sempre difícil e tumultuada, levando à separação do casal após 28 anos de convivência. Para mim, nessa época, casamento era algo suspeito, difícil de encarar, embora quisesse muito ter um companheiro.

O terceiro indicador foi a gravidez precoce e sem planejamento. Fui uma adolescente normal, namoradeira e atraía muitos olhares. Porém, logo me apaixonei pelo namorado aos 15 anos de idade, com o qual me casei aos 19 anos, grávida da primeira filha. Pela situação financeira e mesológica, logo me submeti ao companheiro, deixando de lado a manifestação da minha consciencialidade.

Seria possível fazer tudo isso sem sujeição na relação afetivo-sexual? Penso que sim, mas não foi o meu caso. Acreditei que seria mais fácil me anular e deixar alguns sonhos de liberdade de lado. Inclusive de ser ou manifestar quem eu era, a autoconsciencialidade ficou à deriva.

Gostava muito do meu parceiro, tivemos mais um filho e adotamos um terceiro. Construímos juntos um "pé-de-meia" que poderia dar-nos autonomia financeira bem cedo. Porém, com 20 anos de relacionamento, tudo começou a dar para trás.

Conhecemos a Conscienciologia, em 1996 quando fizemos os cursos de entrada (P1, P2, P3 e P4), ECP1 e ECP2 (com o professor Waldo Vieira). Deixamos de estudar e frequentar os cursos em 2000 e em 2007 nos separamos.

Nesse meio tempo, busquei ajuda psicológica e comecei a entender que precisava expressar minha personalidade, apesar de acreditar que isso mudaria o rumo da minha vida. Uma escolha consciente e necessária.

Ao longo de 10 anos de separação conjugal, continuei a trabalhar, em atendimentos psicológicos, as questões de carência afetiva e autossujeição nas relações. Durante esse período, ficou claro que a imaturidade afetivo-sexual era meu gargalo, e se evidenciou nos outros relacionamentos desse período.

Nesse tempo, relacionei-me com algumas pessoas e tive algumas experiências agradáveis e outras mais difíceis, mas todas serviram de aprendizado para o amadurecimento afetivo.

Foram anos de busca de autoconhecimento e retorno aos meus valores que estavam latentes (proéxis, assistência tarística e evolução).

Ao retornar para a Conscienciologia em 2010 e decidir pela prática da tenepes, percebi que não seria qualquer parceiro que entenderia meu novo caminho. Optei por ficar sozinha e aguardar alguém que entendesse a nova forma de viver, mais voltada para assistencialidade e com metas evolutivas.

Na época da decisão de morar em Foz do Iguaçu, na Cognópolis, estava sem parceiro, penso que isso ajudou, pois era um posicionamento íntimo e não dependeria da decisão de outro, que poderia não gostar da ideia e atravancar o processo da recéxis, tão necessário naquele momento evolutivo de virada.

Durante os experimentos no laboratório da Duplologia, em 2015, novos indicadores relacionados ao autodiagnóstico da autossujeição na relação afetivo-sexual se revelaram: resquícios de mágoas, ressentimentos e necessidade de perdão dos antigos relacionamentos.

Também percebi que manifestava resquícios de permissividade e promiscuidade na pensenidade sobre o relacionamento afetivo-sexual. Talvez influência da cultura baiana ou de vícios de vidas passadas como cortesã ou na boemia.

Ao evidenciar esses trafares, e perceber que eram muito antigos e que essa condição funcionava como atratora de consciexes do passado, houve o posicionamento cosmoético de pensenizar diferente a partir dali e colocar como cláusula do CPC (Código Pessoal de Cosmoética) o autorrespeito diário nas interrelações.

O fato é que a cada experimento nova realidade se manifestava e a certeza de que havia muito trabalho de reciclagem intraconsciencial a ser feito. Essas foram acontecendo e as recins (mais íntimas e aprofundadas) se deram durante o curso para formação do consciencioterapeuta (CFC).

Impossível atuar como Consciencioterapeuta e ajudar outras consciências na reciclagem de trafares iguais aos meus, sem passar pelo processo de limpeza, reciclagem e autorganização profunda.

O artigo que escrevi para apresentar no dia da formatura do CFC aborda o tema: "Autoconsciencioterapia aplicada à Autossujeição na Relação Afetivo-Sexual".

Durante o processo da reciclagem, muitos conteúdos emergiram através de projeções, sonhos semilúcidos e em atendimento consciencioterápico.

Ao passo que adquiria mais lucidez sobre o processo, sentia-me a cada dia mais liberada, mais fluida, com o holossoma mais homeostático.

Estava muito satisfeita comigo mesma, percebi a autolibertação, autodesassédio progressivo com aumento do bem-estar íntimo, apesar de ainda estar sozinha, sem parceiro. Nesse período, dediquei-me ao voluntariado da OIC *e ao aprofundamento do entendimento da Consciencioterapeuticologia.*

Em 30 de outubro de 2016, após 4 anos de aplicação da técnica da tenepes, conheci o meu atual parceiro e decidimos aplicar a técnica da dupla evolutiva.

Aos 49 anos de idade, novo recomeço de vida a 2, agora com mais maturidade, cosmoética e foco na interassistência. Essa nova relação tem muita parceria, companheirismo e dinamismo. Evolução a dois, ombro a ombro, com respeito consciencial mútuo!

Talvez essa seja uma autexperiência ímpar, nunca vivenciada em outras existências: a união de dois holossomas com intenção de ajudar maior número de consciências.

Hoje, as metas prioritárias são: contribuir para reciclagem do meu duplista e alcançar a autossuperação da imaturidade afetivo-sexual que manifesto há muitas vidas.

CONTEXTUALIZAÇÃO

Convivialidade. Com base no princípio de que não evoluímos sozinhos, a conquista da condição da convivialidade sadia passa a ser uma prioridade evolutiva. A convivência do dia a dia do casal íntimo seria o laboratório ideal para essa aprendizagem. Ao intermissivista cabe aproveitar a oportunidade da aplicação da técnica da dupla evolutiva com esse objetivo.

Dupla. A *técnica da dupla evolutiva* foi proposta pelo professor Waldo Vieira na década de 90. Consiste em um casal de homem e mulher estabelecerem uma relação com bases na cosmoética, na assistência e na reciclagem íntima.

Sinergismo. Segundo a fórmula da dupla evolutiva, 1 mais 1 é muito mais do que 2. É a interconexão de 2 holossomas gerando energia para assistência a muitas consciências.

Assistência. Por que essa matemática? Qual a lógica aí embutida? Para entender, é necessário usar a lógica do Paradigma Consciencial, segundo o qual a dupla não representa um simples casal que se une apenas para se divertir, fazer sexo, construir um patrimônio financeiro e ter filhos. Nessa relação, a meta é a qualidade e a quantidade da assistência a ser feita a partir da sinergia do casal.

Definição. "A *dupla evolutiva* é a reunião de 2 consciências, notadamente intrafísicas, afins, maduras e lúcidas, que interagem positivamente objetivando a potencialização planificada de suas *performances* evolutivas, através do convívio produtivo, integral, multímodo e constante" (Vieira, 2012, p. 11).

Meta. Tendo por meta a assistência tarística, o tempo é um fator preponderante para o casal. A rotina útil deve ser implementada para obtenção dos resultados evolutivos almejados pelos dois.

Escolhas. A partir dessa lógica, fica evidente que alguns intermissivistas planejaram em seu CI não ter filhos e dedicar mais tempo para assistir mais consciências.

Antiegoísmo. De início, pode soar muito egoísta, porém com aprofundamento do entendimento da abrangência do trabalho do intermissivista, no contexto do momento evolutivo reurbanológico, fica mais fácil de entender que essa escolha é antiegoísta.

Diferenças. É possível observar inúmeras diferenças entre um casal normal e uma dupla evolutiva. A principal delas é o respeito à conscientialidade do outro. Isso significa encarar o duplista como consciência multimilenar em evolução e ajudá-lo em seus desafios recinológicos e assistenciais.

Recéxis. A prática da recéxis, ou reciclagem existencial, pode ser usada como técnica pela dupla evolutiva. "A *recéxis a dois,* ou desenvolvida por uma dupla evolutiva de reciclagens existenciais, é uma das condições evolutivamente mais avançadas para se viver de modo frutífero a vida humana, dentro das premissas propostas pela Conscienciologia" (Vieira, 2012, p. 137).

Separação. Se um dos parceiros deixa de fazer a reciclagem existencial fica difícil sustentar a relação segundo o padrão proposto pela técnica da dupla evolutiva. Em muitos casos pode haver separação para que um dos parceiros não se prejudique em sua proéxis.

Travões. A falta de recéxis, por 1 ou pelos 2 parceiros da dupla, pode desencadear o marasmo evolutivo, desembocando no acúmulo de imaturidades que repercutirá negativamente no relacionamento da dupla. Eis, exemplos de comportamentos holossomáticos que funcionam como travões prejudiciais ao bom relacionamento da dupla:

1. **Soma:** aparência física desleixada, sedentarismo, falta de higiene, descuido com a saúde, baixo investimento no sexo diário.
2. **Energossoma:** intoxicação energética, baixo investimento no acoplamento áurico do casal, sedução sexochacral espúria fora do relacionamento, disfunções e bloqueios do cardiochacra e sexochacra.
3. **Psicossoma:** falta de investimento afetivo no relacionamento, superficialidade na relação, autoimagem distorcida, sentimentos de inadequação, baixa autestima, regressão emocional, traições, competitividade, escondimento, egoísmo, orgulho, mágoa, ressentimento, submissão ou dominação do parceiro.
4. **Mentalsoma:** pecadilhos mentais, promiscuidade pensênica, sexopensenes nosográficos, baixo investimento na intelectualidade.

Construção. A aplicação da técnica da dupla evolutiva constitui ferramenta indispensável ao casal íntimo interessado na evolução a 2, e pressupõe uma construção diária com base nos fatos e parafatos do cotidiano do casal.

Tempo. A partir de 10 anos de aplicação da técnica, é possível avaliar os resultados. O principal indicador pode ser a qualidade da auto e heteroassistência diária, contínua e de longo curso no contexto da dupla evolutiva.

Contrapontos. Eis, em ordem numérica, 6 contrapontos esclarecedores sobre a diferença entre o casal imaturo e a condição do duplismo evolutivo:

1. Dupla evolutiva *não é* alma gêmea onde existem metades faltantes, *é* o encontro de duas consciências maduras, inteiras e interessadas em assistencialidade.
2. Dupla evolutiva *não é* amor romântico e irreal, *é* a troca de afeto e energias para harmonização holossomática e dinamização da evolução a 2.
3. Dupla evolutiva *não é* sexolismo, *é* a prática do sexo diário para evitar carências espúrias e repressão sexual.
4. Dupla evolutiva *não é* interesse egoico, *é* junção de interesses assistenciais pró-evolutivos.
5. Dupla evolutiva *não é* compartilhamento de traf*a*res, *é* junção de traf*o*res para alavancagem da reciclagem íntima (recin).
6. Dupla evolutiva *não é* competitividade de gêneros, *é* um ginossoma em sintonia com um androssoma evidenciando a maturidade consciencial a ser conquistada através da interassistência.

Coerência. "Para manter a coerência com os objetivos da formação de uma dupla evolutiva é importante atentar para escolha do parceiro ou parceira com objetivos afins. Também requer uma análise ponderada sobre os temperamentos de ambos, o que envolve autoconhecimento de ambos" (Ribeiro, 2016, p. 32).

Holopensene. O mesmo princípio da coerência se aplica à escolha dos locais a serem frequentados quando o intermissivista busca sua dupla. Sair para balada com objetivo de encontrar um parceiro, não serve para o fim da formação da dupla evolutiva.

Objetivos. "Os duplistas se unem para evoluir, portanto, não existe dupla evolutiva bem constituída desendereçada ou sem destino, com objetivos díspares. A escolha da conscin duplista por você, leitor ou leitora, pode ser seu *maior problema* ou a sua *maior solução* nesta vida intrafísica e na consecução da autoproéxis" (Vieira, 2014a, p. 77).

Cabeça. No verbete, *Duplismo libertário,* o professor Waldo Vieira (2013) esclarece sobre vários pontos da manifestação da dupla evolutiva. Do ponto de vista proexológico, a *cabeça energética* do casal é importante de ser identificada, pois este é o componente da dupla que pensa na paraprocedência o tempo todo, tem mais experiência parapsíquica e investiu mais no estudo e na assistência.

Dupla. "Numa dupla evolutiva é preciso, pelo menos, que 1 duplista queira fazer os 2 duplistas evoluírem, para haver êxito na união. Este duplista é a *cabeça energética* da dupla." (Vieira, 2014a, p. 627).

Complementaridade. Outros pontos de vista de manifestação da liderança do casal devem ser considerados: quem tem mais extroversão, intelectualidade, verificar quais os potenciais de um compensam os do outro, o que falta em um e o que encaixa no outro. O duplismo evolutivo é um modelo de evolução conjunta e sinérgica.

Sinergismo. "O ideal e o mais difícil é encontrar duas conscins com afinidade profunda de temperamento. Na maioria dos casos, uma das conscins ajuda mais a outra e, assim, caminha a evolução de ambas" (Vieira, 2014a, p. 77).

Interconfiança. No duplismo libertador, a confiança e a interconfiança é fator imprescindível, pois gera holopensene de harmonia e tranquilidade. A partir da condição da interconfiança, o casal não desperdiça energia com imaturidades relacionadas a ciúmes, possessividades e competitividade.

Binômio. A convivialidade da dupla evolutiva baseada no uso do binômio *admiração-discordância* é o exercício prioritário para a conscin, homem ou mulher, que decide aplicar a técnica da dupla evolutiva.

Interdependência. Tendo-se em vista que a conexão entre os duplistas está assentada no mentalsoma e no psicossoma, outro fator importante para o duplismo é a compreensão da interdependência. Nessa condição, o temperamento e as vivências de cada um são somados gerando acúmulo de experiências e a profilaxia de erros.

Assistencialidade. "A evolução pressupõe assistência, serviço aos outros. Na técnica da dupla evolutiva, a interassistência é o primeiro exercício a ser aprendido. O resultado da assistencialidade do casal poderá estender-se em âmbito egocármico, grupocármico e policármico, isso dependerá da *performance* evolutiva dos parceiros" (Ribeiro, 2016, p. 32).

Posturas. Eis, 7 posturas, a serem mantidas pela dupla, diariamente e ao longo dos anos, sustentadoras do relacionamento saudável, capazes de gerar resultados evolutivos:

1. Acoplamentos áuricos.
2. Assins-desassins profiláticas.
3. Concessões cosmoéticas.
4. EV a 2.
5. Heteracolhimento.
6. Intercooperação e respeito mútuo.
7. Lazer compartilhado.

Afetividade. "Viver em dupla evolutiva é experimentar ternura, afeição e amizade" (Vieira, 2012, p. 34).

Extrafísico. O resultado interassistencial da dupla evolutiva irá reverberar energeticamente na dimensão extrafísica, atendendo consciexes do passado ligadas ao casal. Através do exemplarismo positivo dos dois, as ligações do passado poderão ser atualizadas positivamente, alavancando a evolução grupal.

Reurbex. Considerando que o movimento da Reurbex depende de cada intermissivista adaptado e coerente com seu planejamento de vida, e que a aplicação da técnica da dupla evolutiva ajuda a promover a adaptação a 2, é coerente incluir a condição da dupla evolutiva no planejamento da Reurbex Planetária.

A APLICAÇÃO DA *TÉCNICA DA DUPLA EVOLUTIVA* **É AÇÃO DE AUTENFRENTAMENTO DA** *SÍNDROME DA ECTOPIA AFETIVA,* **PELA RECIN DO** *EGOÍSMO,* **RUMO À** *INTERASSISTENCIALIDADE LÚCIDA.*

17. Radicação Vitalícia na Cognópolis

"Ser minipeça simples no *Maximecanismo Multidimensional Interassistencial* é factível à conscin intermissivista, mas ser **minipeça engraxada** e devidamente polida é mais difícil."

Waldo Vieira (2014b, p. 1091)

RELATO

Ao observar o caminho percorrido, do momento em que me posicionei a vir morar na Cognópolis (2012) e o momento aqui e agora em que escrevo essas linhas (2017), reconheço o amparo extrafísico recebido para tal empreitada e o emprego do empreendedorismo evolutivo que desenvolvi.

Nesse momento, só tenho a agradecer e reconhecer o ganho evolutivo e o amadurecimento consciencial que conquistei ao tomar essa decisão e enfrentar os desafios necessários. Hoje sou capaz de dizer: Faria tudo novamente!

Posso afirmar, a partir das minhas experiências, que o padrão de energias do bolsão da Cognópolis atua como um facilitador e até acelerador da evolução para as consciências interessadas nas autorreciclagens. Funcionou para mim, pode funcionar para outros.

Ao longo do exercício da assistência, fui recuperando cons do ego intermissivista e criando neossinapses que ajudaram a suavizar e até superar as incoerências relacionadas à influência da mesologia, aos autassédios e à autoimagem distorcida.

Já não penso que a vida é simples e superficial. Começo a adentrar o cerne da importância da ressoma e do papel da intermissivista agindo como agente modificador da realidade intra e extrafísica que o rodeia.

Hoje experimento outro tipo de bem-estar, o proporcionado pelo prazer mentalsomático. A relação com os prazeres intrafísicos está mudando, passei a medir o valor do dia com base no resultado da produção gesconológica, da doação de energias no desassédio e da convivialidade interassistencial.

A experiência de vivenciar o holopensene da Cognópolis, dia a dia, ajuda a aprofundar autoposicionamentos mais maduros e tomar decisões mais lúcidas.

Talvez eu não estivesse assumindo o papel de minipeça com a maturidade e lucidez que tenho hoje se estivesse mergulhada em outro holopensene. Sendo este um facilitador, a segunda etapa é aproveitar todos os recursos disponíveis para promover a virada, pois o mais importante é o autoposicionamento.

Antevejo uma nova perspectiva de futuro, principalmente quanto ao próximo período intermissivo, ou seja, logo após a próxima dessoma para quando tenho por objetivo a Liderança Interassistencial. A Cognópolis funciona igual Universidade da Pré-Intermissiologia.

É diferente e inusitado pensar e planejar a próxima etapa após a morte biológica. Penso que a pacificação íntima gerada pelas reciclagens existenciais e intraconscienciais possibilita essa condição, além do exercício da vivência all the time *do Paradigma Consciencial.*

Mesmo antes de acessar as ideias da Conscienciologia, chamava-me atenção a saúde integral e a visão holística do homem. Busquei isso em muitos lugares, mas o Paradigma Consciencial baseia essa visão de saúde integral mais estruturada e aprofundada.

Ao realinhar a autoproéxis, foi possível promover as recins necessárias no desempenho da assistência profissional na Conscienciοterapia, dentro da especialidade da Conscienciοterapeuticologia.

O voluntariado na OIC e o papel de conscienciοterapeuta levam-me a adentrar nos detalhismos da intraconsciencialidade dos evolucientes e ao mesmo tempo da autoconsciencialidade. É o voluntariado profissional a que me propus no Curso Intermissivo e que realizo agora.

A sensação de encaixar-me no singularíssimo papel de minipeça dentro do maximecanismo faz sentido e com isso ganho autonomia, autoconfiança e autossegurança, ao mesmo tempo que desenvolvo a interconfiança nos colegas e nos amparadores extrafísicos.

O grupo de amigos evolutivos da OIC se encaixa na necessidade de restauração, dentro do universo da saúde holossomática, ao meu propósito de vida. Sinto uma completude e o reinício de tarefa assistencial junto a estes.

A conquista da confiança do grupo e o senso de pertencimento geram bem-estar, alegria e motivação. É a sinergia da especialidade com o materpensene pessoal produzindo realização da meta evolutiva.

O assentamento na Cognópolis resulta de autesforço contínuo, clareza dos objetivos almejados e implementação da rotina útil.

Valeu a pena investir tempo (4 anos) e energia consciencial no redirecionamento da autoproéxis. A partir dessa condição houve um crescendo positivo de reciclagens e reencontros grupocármicos que fazem diferença no processo evolutivo.

O término do ciclo de assentamento significa reinício de outro: a radicação vitalícia na Cognópolis com o aprofundamento e engajamento no epicentrismo consciencial.

A radicação vitalícia na Cognópolis traz a condição de residente internado voluntariamente, ou seja, a partir do livre-arbítrio, o voluntário da Conscienciologia decide morar na Cognópolis até a sua dessoma. Esta é a minha meta atual!

Na evolução, não existe excesso de experiência, o que comanda é a necessidade de experiência de cada um.

CONTEXTUALIZAÇÃO

Etapas. Ao mudar-se para uma Cognópolis, acontecem várias etapas de estruturação e reorganização da vida intrafísica e extrafísica da conscin. Essas etapas vão desde a chegada, adaptação, assentamento até a radicação vitalícia.

Adaptação. A fase de adaptação é o período em que ocorre a organização da moradia, emprego, estruturação das amizades, voluntariado, além do encaminhamento de consciexes e autodesassédios mais frequentes.

Assentamento. O assentamento pode durar em torno de 3 a 5 anos. É quando a conscin já se sente adaptada à nova cultura e aprofunda as relações, fixada ao holopensene local.

Radicação. "A *radicação vitalícia na Cognópolis* é a condição intrafísica da conscin com domicílio permanente no perímetro das instalações urbanas, burgo, bairro ou local onde vive alguma Comunidade Conscienciológica Cosmoética Internacional (CCCI), ao modo de residente internado voluntariamente, ali, para toda a vida humana, junto com outras pessoas associadas e dispostas domiciliarmente próximas, formando o todo da corporação docente e discente de conscienciólogos pesquisadores-pesquisados" (V. **Vieira,** Waldo; ***Radicação Vitalícia na Cognópolis;*** verbete; In: **Vieira,** Waldo; Org.; ***Enciclopédia da Conscienciologia;*** verbete apresentado no *Tertuliarium / CEAEC,* Foz do Iguaçu, PR, em: 10.12.2005).

Inadaptação. Se a pessoa não calçou bem alguns fatores importantes na mudança, muitas vezes retorna para a cidade de origem. Outras vezes por inadaptação a uma rotina mais mentalsomática, reciclogênica e assistencial que o holopensene da *cidade do conhecimento* imprime.

Profilaxia. "A conscin responsável faz a profilaxia dos acidentes de percurso e dos retornos forçados patológicos, vivenciados em função das autocorrupções e do *perfil desô,* desorientado e desorganizado" (Arakaki; Bonassi, 2016, p. 51).

Neofilia. Ao decidir pela radicação vitalícia é importante ter em vista que vão acontecer imprevistos, instabilidades emocionais e holossomáticas. Deve levar-se em conta que é a primeira Cognópolis do Planeta, em nenhuma outra vida tivemos esse tipo de experiência.

Estranhamento. "Pode haver *estranhamento inicial,* tanto no sentido de se ter *expectativa* de encontrar pessoas tão evoluídas quanto as ideias dessa Ciência e isso não acontecer, bem como de se pensar que as ideias são muito avançadas para serem colocadas em prática na vida moderna e encontrar pessoas que já conseguem vivenciar muitos dos conceitos conscienciológicos cotidianamente" (Arakaki; Bonassi, 2016, p. 107).

Recinofilia. O holopensene cognopolita é recinofílico e dinamizador das reciclagens íntimas. O grupo, os debates, as atividades estimulam as reciclagens existenciais todo tempo. Há que se encarar este desafio com satisfação, motivação, determinação, autesforço e interesse sincero em mudar.

Glasnost. Em socin de parapsíquicos a transparência é condição ideal. A cultura do *strip-tease* consciencial é uma realidade cognopolitana e pode ser encarada como aporte promotor de autoconhecimento.

Fatos. Eis, em ordem numérica, 16 fatos indicadores da adaptação e assentamento da autora ocorridos no período dos 4 anos de imersão na Cognópolis de Foz do Iguaçu, a partir do uso dos recursos disponíveis para promoção das reciclagens evolutivas prioritárias:

1. Identificação pessoal com o holopensene da Cognópolis.
2. Ausência de "rabo preso" na cidade de origem.
3. Aumento do reconhecimento dos aportes e amparos recebidos durante a vida.
4. Autodesassédio progressivo.
5. Priorização da proéxis e do período pré-intermissivo.
6. Foco no voluntariado profissional.
7. Aumento da autoconfiança, autodiscernimento, autocognição e estofo energético.
8. Identificação dos talentos assistenciais, retrossenha, materpensene pessoal, traf*o*res, traf*a*res e traf*ai*s proporcionando aprofundamento da autocognição.
9. Mudança dos valores pessoais com foco nos valores evolutivos.
10. Amadurecimento consciencial a partir do autenfrentamento das frustrações, desencontros e impulsividades.
11. Autoconscientização quanto à responsabilidade assistencial.
12. Assunção da especialidade no voluntariado profissional na OIC.

13. Sintonia com a maxiproéxis grupal.
14. Neossinapses formadas nos contatos com os amparadores, colegas de voluntariado e assistidos.
15. Aumento do acoplamento com o amparo de função.
16. Uso do trinômio: vontade-intelectualidade-autorganização.

Indicadores. Outros indicadores que corroboram para evidenciar o assentamento na Cognópolis são a *produtividade gesconológica* e a *convivialidade sadia*:

1. **Produtividade.** A escrita e defesa de verbetes para *Enciclopédia da Conscienciologia*; artigos publicados em revistas científicas da Conscienciologia; início da escrita do 1º livro conscienciológico.
2. **Conviviologia.** O desenvolvimento de amizades evolutivas; respeito, confiança e reconhecimento do grupo; formação da dupla evolutiva; fixação de moradia em *campus* conscienciológico.

Completismo. Os indicadores mostram uma positividade no autodirecionamento, o pontapé inicial de uma fase de interassistência que poderá levar ao amadurecimento e completismo proexológico se houver continuidade na qualificação da assistência.

Grupalidade. Um dos maiores ganhos na radicação na Cognópolis é a convivência grupal. O contato diário com a família consciencial oportuniza antigos acertos, estimula o exercício da troca de conhecimentos e desenvolve o fraternismo.

Minipeça. O entendimento real do significado de minipeça lúcida dentro do maximecanismo só pode ser adquirido no exercício da assistência junto ao grupo evolutivo. Não existe minipeça com *carreira solo*. A grupalidade ajuda no burilamento da Cosmoética.

Cosmoética. Na visão da Conscienciologia, quanto mais a consciência evolui mais desenvolve a fraternidade e a vontade de ajudar a todos. Para a consciência lúcida, é seu papel ajudar na evolução de todos. Já não pede mais para si, pensa no bem maior para todos. A partir desse fato a Cosmoética passa a ser o leme, o direcionador das ações da consciência e o resultado é a conexão com o *Fluxo do Cosmos*.

Radicação. A *radicação vitalícia na Cognópolis* é uma etapa importante no amadurecimento da assistência e o megafoco na autoconsciencialidade. Segundo Vieira (2013) é uma conduta-exceção cosmoética e possibilita o contato com a Central Extrafísica de Energia (CEE) e com o amparo, a formação do grupo social vitalício, a condição do *pião intrafísico da maxiproéxis.*

Retribuição. Avante às etapas da Pré-Intermissiologia. Muitos amigos e desafetos do passado aguardam na baratrosfera para serem resgatados. É preciso retribuir e distribuir os aportes recebidos até aqui. Gratidão realista cosmoética é assistência na prática.

Atuar como *minipeça engraxada e polida,* **na condição de** *pião intrafísico* **da assistência multidimensional tarística, otimiza** *a radicação vitalícia* **na Cognópolis.**

18. AUTANÁLISE CONSCIENCIAL EVOLUTIVA

"A maior autocura é a conquista da **autoconsciencialidade.**"
Waldo Vieira (2014b, p. 1091)

Autanálise. Analisar a consciência é algo complexo, autanalisar-se é mais complexo ainda. Existe a dificuldade natural em enxergar a própria realidade, porém a autanálise e a autavaliação são imprescindíveis para ajustes reciclogênicos e tomadas de decisões de destino. Sem autocognição, fica difícil promover mudanças e autorreciclagens profundas.

Análise. A análise criteriosa dos fatos e parafatos desencadeados pelas ações e manifestações da consciência servem como indicadores de acertos e erros conscienciais. "Contra fatos não há argumentos". Contra parafatos, menos argumentos ainda! As ações são inescondíveis e servem de base para a autopesquisa e ampliação da autocognição.

Exemplo. Considerando que a consciência é única e que as experiências de cada uma são ímpares e intransferíveis, a sua jornada evolutiva singular poderá servir apenas de exemplo para outros. Cada um deverá buscar experiências pessoais a fim de alcançar o patamar evolutivo a que se propôs nesta existência. Neste capítulo, está exposta uma visão conscienciométrica e conscienciοterápica das vivências da autora para servir de exemplo a outros retomadores de tarefa.

Autoconsciencialidade. Durante o período de chegada, redirecionamento de proéxis e assentamento na Cognópolis em Foz do Iguaçu, foi possível reconhecer traços e facetas da autoconsciencialidade despercebidos anteriormente. Estes são o material concreto utilizados na autanálise consciencial evolutiva.

Registros. O hábito de fazer anotações diárias dos acontecimentos (sonhos, projeções, experiências, percepções das sensações, sentimentos e energias) serviu de base para as gescons e também ajudou a aumentar os acertos nas escolhas e captação dos *insights* dos amparadores.

Megadecisão. A partir da análise dos registros colocados ao longo dos capítulos é possível evidenciar a importância do empreendimento evolutivo, a radicação vitalícia na Cognópolis, como megadecisão prioritária de mudança de destino.

Recorte. O processo evolutivo é dinâmico e constante, por isso vale considerar essa autanálise como um recorte no tempo e espaço conscienciais. Também vale considerar que a autanálise proposta, referente a esse momento evolutivo, poderá não revelar detalhes importantes da intraconsciencialidade da autora, a lente utilizada poderá ser insuficiente, pois foge da capacidade de autopercepção mais profunda por falta de cosmovisão multidimensional.

Aportes. Sem os aportes recebidos e bom aproveitamento destes durante a fase de chegada e adaptação na Cognópolis, seria impossível empreender as reciclagens necessárias. Eis, em ordem alfabética, os principais aportes recebidos nas interrelações e nas atividades frequentadas durante os primeiros anos:

01. **Amizades.** O reencontro dos amigos evolutivos, onde o apoio diário no voluntariado, inicialmente no IIPC-Sede, formou uma base afetiva positiva, incluindo saídas para locais de lazer, onde as conversas mais íntimas foram aproximando e formando laços de confiança para aprofundamento das amizades. Posteriormente, o entrosamento nas atividades cognopolitanas facilitaram contato com maior número de pessoas, ampliando a rede de apoio afetivo em Foz.

02. **Bioenergias.** O contato diário na Cognópolis com a fito, zoo, aero, geo e hidroenergia trazendo bem-estar holossomático. A vida saudável com ar puro, silêncio ou som dos pássaros, dos riachos, do vento; o cheiro das flores, a limpidez do céu, a lua, o pôr-do-sol, o verde exuberante e a beleza dos ipês floridos encantando os olhos.

03. **Cursos conscienciológicos.** Proporcionaram um maior entendimento e aprofundamento dos assuntos relacionados à Conscienciologia com troca relevante de informações com os especialistas, pesquisadores e professores.

04. **Cursos de campo.** Oportunidade de maior comunicação com o extrafísico, recebimento de orientações direta dos amparadores, expansão consciencial e exercício de desenvolvimento da projetabilidade lúcida assistencial.

05. **Debates conscienciológicos.** Ampliação da cognição sobre a Conscienciologia e suas especialidades, exercício da autexposição assistencial cosmoética, aumento do discernimento e lucidez sobre a consciencialidade.

06. **Dinâmicas parapsíquicas.** Auto e heterodesassédios, encaminhamento de consciexes do grupocarma, desenvolvimento do parapsiquismo e do senso de grupalidade, retrocognições, maior soltura holossomática e limpeza da psicosfera.

07. **Laboratórios.** O uso dos laboratórios do CEAEC utilizados como aplicação de técnicas, inseridos na rotina útil. Serviram também como locais de autodesassédio e de conexão mais intensa com os amparadores.

08. **Minitertúlias.** Oportunidade de recebimento de informações em primeira mão do propositor da Conscienciologia, o professor Waldo Vieira. Entre os principais aportes recebidos nesses encontros grupais estão as percepções do desassédio direto e das repercussões holossomáticas do campo gerado pelo contato intrafísico, recuperação de cons do intermissivo, geração de neossinapses, ampliação cosmovisiológica dos fatos e parafatos históricos da humanidade, aprendizado sobre interassistência cosmoética, ampliação da autolucidez e expansão de ideias. Também o exemplo de fraternidade e bom humor explícito.

09. **Publicações.** A oportunidade de compartilhar experiências como conhecimento teórico através dos verbetes, artigos e livro. Experiência inusitada de interassistência, podendo tornar-se comum a partir do autoposicionamento gesconológico.

10. **Voluntariado conscienciológico.** Aprendizado sobre a importância da interassistencialidade, exercício da condição de minipeça inserida no maximecanismo assistencial, senso de completismo proexológico, vivência do amparo de função, senso de grupalidade, expansão da autoconsciencialidade.

Holopensenologia. O holopensene cognopolitano é um fator determinante para a conscin interessada na autorrecin. Ele sustenta a ortopensenidade e direciona as escolhas evolutivas pela distribuição das atividades conscienciológicas, estruturas físicas e espelhamentos conscienciais, sendo fotocópia de comunex educacional ou parapedagógica.

Oásis. Este holopensene pode ser considerado como um dos maiores aportes evolutivos, o oásis no meio da baratrosfera onde o mentalsoma se expande, facilitando a recuperação dos cons magnos, fator amplificador do nível de autoconsciencialidade.

Materpensene. Formando o holopensene homeostático da Cognópolis estão os materpensenes relacionados a cada especialidade da Conscienciologia, distribuídos e fixados pelos estudos e pesquisas dentro das Instituições Conscienciocêntricas (ICs), servindo de aportes na busca do aprofundamento do conhecimento específico oferecido por estas aos interessados.

Conscienciometria. Pela *Conscienciometrologia,* evidenciam-se ao longo do trajeto percorrido pela autora, importantes traços de manifestação que revelam facetas da intraconsciencialidade capazes de alavancar ou atravancar o processo evolutivo.

Trafor. Sendo os trafores a alavanca, o ponto de apoio e sustentáculo da megadecisão recinológica. Eis, em ordem alfanumérica, 3 trafores utilizados pela autora na empreitada evolutiva:

1. **Destemor.** Evidenciado na manifestação da coragem de empreender mudanças a favor da autevolução, presente na megadecisão de promover a mudança de cidade, atividade profissional e voluntariado, baseada nos valores evolutivos da assistencialidade e proéxis, tendo como guia a bússola da intencionalidade cosmoética.

2. **Determinação.** Trafor presente na manifestação da vontade através do continuísmo diário na meta proposta e torna-se explícito na força dos pequenos passos direcionados na utilização dos recursos extraconscienciais disponíveis (atividades da Cognópolis, amparo intra e extrafísico) e recursos intraconscienciais já conquistados.

3. **Parapsiquismo.** Evidenciado pela valorização constante dos *insights* do amparo, autopercepção e das sinaléticas pessoais com foco e direcionamento para as prioridades evolutivas.

Traf*ar*. Os *traços-fardo*, atravancadores e estagnadores da evolução, são importantes de considerar, pois servem como ponto de ancoragem dos autassédios e rede de sustentação dos heterassédios. Considerados "calcanhar de Aquiles" das consciências, mata-burros ou âncoras baratrosféricas. Eis, em ordem alfanumérica, 3 traf*a*res observados na manifestação da autora, nesse período:

1. **Carência afetiva.** Manifestada na busca intensa por companhias, muitas vezes antievolutivas, base de sustentação do histrionismo anticosmoético, interiorose e heterassédio na área afetivo-sexual.

2. **Dispersão.**Traço sustentador da superficialidade, da fuga da autorreflexão e da priorização do essencial para evolução. Manifestado na busca de inúmeras atividades no voluntariado e cursos, mesmo que evolutivas, com tendência à escolha de atividades mais executivas e menos reflexivas.

3. **Orgulho.** Manifestado através da evitação da autexposição nos debates conscienciológicos, nos conscins-cobaias e na conscienciaterapia. Evitações em solicitar ajuda e receber assistência, sustentando uma autoimagem distorcida e perfeccionismo vaidoso.

Traf*a*l. Os traços faltantes, positivos, traforinos e otimizadores das reciclagens intraconscienciais mais observados pela autora dizem respeito à área da Conviviologia. Eis abaixo, em ordem alfabética, 2 principais traf*a*is a serem conquistados:

1. **Interconfiança.** A falta de interconfiança promove o fechadismo consciencial, dificultando as trocas holossomáticas e a interassistência. Fator dificultador do aprofundamento das amizades evolutivas e vínculos conscienciais cosmoéticos, com foco na intercooperação. Alimenta o traf*a*r do orgulho.

2. **Interdependência.** A falta da compreensão da importância do outro no processo evolutivo e da possibilidade de heterajuda deixa lacunas e vulnerabilidades psicossomáticas, alimentando o traço da carência afetiva.

Conscienciaterapia. Sob a ótica da *Conscienciaterapeuticologia*, a autanálise consciencial evolutiva da autora adquire um foco recinológico. *Meganalista: arqueólogo hermenêutico* (Vieira, 2014a, p. 379).

Ciclo. O ciclo autoconscienciοterápico é o "Modelo do sequenciamento lógico e parafisiológico da autoconscienciοterapia, explicativo do processo de autocura, composto pelas etapas de autoinvestigação, autodiagnóstico, autenfrentamento e autossuperação".

Etapas. A primeira etapa da autoinvestigação está baseada na autopesquisa conscienciométrica, nos fatos e parafatos. A partir desses dados, chega-se à segunda etapa, ao autodiagnóstico da doença consciencial ou do modo de funcionamento nosográfico da conscin.

Ações. Diante dos diagnósticos, o evoluciente parte para a implementação de novas ações e posturas, é a fase do autenfrentamento com objetivo de alcançar a autocura, a quarta fase, da autossuperação.

Autenfrentamento. A própria mudança, adaptação, assentamento e radicação vitalícia na Cognópolis são ações de autenfrentamento da autora e podem ser analisados com detalhes.

Autossuperação. Durante a fase de autenfrentamento, já é possível verificar indicadores de autossuperação, ou seja, mudanças reais na manifestação da consciência. A partir desse fato, considera-se o início da recin, reciclagem íntima, intraconsciencial.

Ciclo. Eis, em ordem cronológica, 2 exemplos do ciclo autoconscienciοterápico vivenciados pela autora, utilizando a análise de 2 capítulos deste livro:

Exemplo 1. O capítulo *Chegada à Cognópolis Foz do Iguaçu* mostra a importância da fase de adaptação intrafísica e holossomática, pelo qual se evidencia a necessidade do desassédio inicial para posterior recuperação da autolucidez através do encaminhamento de consciexes, que exige tempo, determinação e autesforço.

1. **Autoinvestigação:** sintomas de melancolia intrafísica (melin), medo do novo e inseguranças.
2. **Autodiagnósticos:** evidenciados o auto e heterassédios, intoxicação energética, iminente perda de proéxis e atraso evolutivo.
3. **Autenfrentamento:** investimento nas dinâmicas parapsíquicas com foco no desassédio, uso da ambição evolutiva para autenfrentamento dos medos, inseguranças e crenças adquiridas e reforçadas pela mesologia.

4. **Indicadores de autossuperações:** continuísmo da rotina diária útil, novos aprendizados, neossinapses, gradativa recuperação de cons do CI e saída da robotização.

5. **Traf*ores*:** ousadia evolutiva, destemor, determinação e neofilia.

6. **Traf*ares*:** orgulho, medo de autexposição, baixa autocognição, carência emocional, interiorose, robéxis, insegurança e submissão ao assédio extrafísico.

7. **Traf*ais*:** autoconsciencialidade, autonomia evolutiva, autossustentabilidade emocional e energética e autocognição.

Exemplo 2. O capítulo *Maratona Proexológica* representou a imersão no holopensene da Cognópolis, como prioridade, valorizando o tempo e os recursos disponíveis para aceleração do processo reciclogênico e atraso proexológico.

1. **Autoinvestigação:** percepção da necessidade de heterajuda e busca da Conscienciοterapia para chegar aos autodiagnósticos atravancadores da evolução.

2. **Autodiagnósticos:** foram evidenciados autocorrupção, anticosmoética e autescondimento no *modus operandi* consciencial e identificação do megatraf*ar* da carência emocional, tendo como base o egoísmo.

3. **Autenfrentamento:** autenfrentamento do megatraf*ar* da carência emocional, através da dedicação ao voluntariado, assistencialidade madura, autexposição tarística e manutenção da rotina útil evolutiva.

4. **Indicadores de autossuperações:** reconhecimento e assunção do valor evolutivo da assistencialidade, da responsabilidade com o grupocarma e não só da família nuclear. Aumento da *glasnost* durante os atendimentos conscienciοterápicos.

5. **Traf*ores*:** autorganização, determinação, foco, empreendedorismo evolutivo, pragmatismo, disciplina, assistencialidade, vontade e firmeza de propósito.

6. **Traf*ares*:** ansiedade, apegos, autescondimento, anticosmoética, vaidade, superficialidade e egoísmo.

7. **Traf*ais*:** autocognição mais profunda, autoconscientização multidimensional e maior percepção dos fatos e parafatos.

Recin. É difícil avaliar o momento exato onde as recins acontecem, devido à complexidade da consciência, mas é possível observar a ocorrência das mudanças íntimas pela autobservação da pensenidade, padrão energético, motivações, escolhas de atividades, companhias, hábitos e apetites da consciência. A mudança do *modus operandi* patológico para homeostático é um bom indicador.

Definição. O *mecanismo de funcionamento consciencial* é o padrão de manifestação consciencial gerado pela interação da intraconsciencialidade com as realidades e pararrealidades do Cosmos, podendo ser classificado em homeostático quando parafisiológico, patológico quando antiparafisiológico, geral (maximecanismo) quando relativo ao funcionamento multifacético da consciência ou específico quando relacionado a determinado traço, faceta ou aspecto (DTMC, 2018).

Vício. Quando patológico, o mecanismo de funcionamento representa um círculo vicioso, às vezes multimilenar. As ações de autenfrentamento implementadas pelo evoluciente o transforma em círculo virtuoso, resultando na fixação de neoposturas mais homeostáticas, o que configura a recin.

Autodiagnóstico. O atraso e desvio de proéxis da autora pode ser entendido levando-se em conta seu *modus operandi.* Esse se configura na manifestação do megatrafar da carência afetiva, tendo por base o orgulho e o egoísmo que sustentam o temperamento artístico-intelectual, na busca do aplauso, reconhecimento do público que renova o vício da busca do poder temporal em detrimento da assistência fraterna antiegoica.

Intenção. Esse mecanismo de defesa egoico, embora possa se manifestar de modo sutil, revela a intencionalidade anticosmoética nas ações diárias. Se acrescentado ao materpensene pessoal da *Intervenção Consciencial*, pode-se ter como hipótese o uso da arte ou de conhecimentos para manipular pessoas e obter vantagens sobre estas ao longo de outras vidas.

Mimese. O fato de nascer em Irecê, uma cidade sem opções de contato com a arte ou *glamour*, houve um direcionamento da atenção para os estudos e observação das carências alheias. Apesar da falta de incentivo e acesso à arte, aos 19 anos de idade, participei do grupo que organizou a I Semana de Arte e Cultura de Irecê.

Arte. O relato do escritor regional, Jackson Ruben (1997, p. 126), retrata a realidade da época: "No ano de 1986, um grupo de jovens da cidade, após sucessivas reuniões, discutindo alternativas para as manifestações artísticas da cidade, decidiram realizar um movimento cultural grandioso, denominado de I SEMARC, ou seja, *Primeira Semana de Arte e Cultura*".

Aporte. O reconhecimento da condição mesológica positiva de baixa exposição a desvios proexológicos e contato diário com a escassez da região agreste, culminou no aprendizado da valorização das oportunidades e dos recursos disponíveis. Houve investimento na escrita e defesa do verbete *conscin sertaneja nordestina,* objetivando o agradecimento àquela localidade.

Definologia. "A *conscin sertaneja nordestina* é a pessoa, homem ou mulher, ressomada no sertão do Nordeste brasileiro, caracterizada pelo estilo de vida rústico advindo de vida em território árido com escassez dos recursos básicos de sobrevivência, educação e desenvolvimento pessoal, podendo sucumbir aos ditames mesológicos ou tirar proveito evolutivo da condição vivenciada" (V. **Ribeiro,** Ermania; ***Conscin Sertaneja Nordestina;*** verbete; In: **Vieira,** Waldo; Org.; ***Enciclopédia da Conscienciologia;*** verbete apresentado no *Tertuliarium / CEAEC,* Foz do Iguaçu, PR, em: 15.06.2018).

Saturação. Existe um ponto de saturação da consciência, onde esta não suporta mais agir ou se manifestar de determinada forma e decide mudar. É nesse momento que ocorre a megavirada.

Recomposição. É quando a conscin decide mudar e transforma seu *modus operandi* patológico para outros mais homeostáticos e a favor das consciências, não só de si. Marca o início da recomposição grupocármica.

Megavirada. Para essa autora, a decisão pelo voluntariado na conscienciotorapia significou o momento da megavirada. A partir desse fato, houve uma reestruturação das metas evolutivas com disponibilidade para o trabalho assistencial profissional e o alcance do autodesassédio mais profundo.

Autenfrentamento. Durante o PROAD, ficou mais evidente as sutilezas do mecanismo parapatológico de funcionamento relacionado ao megatrafar da carência afetiva. O CPC (Código Pessoal de Cosmoética) foi reelaborado com inclusão de cláusulas específicas referentes a novas posturas de autossuficiências, contrapondo as posturas anacrônicas de carência.

Compreensão. Houve a compreensão de que a carência afetiva não é causada pela falta de afeto externo, mas sim pela incapacidade de implementar um fluxo de doação e recepção de afeto e energias.

Doação. Esse mecanismo patológico relacionado ao egoísmo e sustentado pela pensenidade de sempre pedir muito para si e nunca se saciar, promove bloqueios que se instalam no holossoma, trazendo doenças. Para restabelecer o fluxo homeostático, começa-se pela doação de energias na assistência, imprimindo abertura para conexão com o amparo.

Reeducação. O exercício contínuo da interassistência nos atendimentos consciencioterápicos formaram a base da reeducação parapsíquica e interassistencial cosmoética da autora.

Manifestação. Essa conclusão pode se fortalecer levando-se em conta o materpensene pessoal da *Intervenção consciencial* identificado como hipótese pela autora em preceptoria especializada no tema. O materpensene está presente na manifestação da consciência ao longo da seriéxis, de início, utilizado de modo anticosmoético, e neste momento evolutivo, pode ser utilizado na assistência consciencioterapêutica.

Fluxo. O alinhamento do materpensene pessoal à função no voluntariado conscienciológico marca a entrada no fluxo da proéxis. Um indicador de recin, onde há uma otimização e realinhamento com o fluxo proexológico, sendo positivo e evolutivo.

Indicadores. Outros *indicadores das reciclagens íntimas* promovidas ao longo do tempo no espaço da Cognópolis podem ser demonstrados através dos 3 *binômios* expostos a seguir:

1. ***Assistencialismo–Assistencialidade profissional.*** A troca do ganho secundário da assistência taconística, de base psicossomática, pela assistência tarística no amadurecimento no uso das técnicas consciencioterapêuticas e nas relações pessoais.

2. ***Misticismo–cientificidade.*** O autoposicionamento cosmoético junto aos amparadores na assistência lúcida e discernida, promovendo o afastamento do grupo de guias cegos do passado místico-religioso.

3. ***Histrionismo anticosmoético–autocentramento.*** O compromisso com a seriedade e uso cosmoético do histrionismo na assistência, promovido pelas autorreflexões e autenfrentamentos repercutindo na manifestação autocentrada, sincera e equilibrada. Resultando no aumento do discernimento e lucidez consciencial.

Conquistas. A coerência com os ideais proexológicos podem ser evidenciados pela sensação de bem-estar íntimo, maior saúde consciencial e conquistas evolutivas. Eis, em ordem alfabética, 11 autoconquistas evidenciadas pela autora, ao longo desse período:

01. **Autevoluciologia.** Senso de oportunidade evolutiva: vivência de sentimentos de gratidão, experiência de primener e megaeuforização.

02. **Decidologia.** Posicionamento de moradia vitalícia em *Campus* na Congópolis.

03. **Desassediologia.** Compreensão da importância da condição de desperticidade na Pré-intermissiologia.

04. **Despertologia.** Ampliação da autolucidez e do autodiscernimento a partir da participação no curso do PROAD (Programa de Aceleração da Desperticidade).

05. **Duplologia.** Implementação da técnica da dupla evolutiva.

06. **Egologia.** Recuperação do ego intermissivista.

07. **Gesconologia.** Aproveitamento do holopensene mentalsomático da Cognópolis resultando em autodesassédio mentalsomático gradual e produção de gescons.

08. **Grupocarmologia.** Assunção da responsabilidade assistencial grupocármica.

09. **Interassistenciologia.** Reconhecimento do grupo evolutivo, senso de equipe e de grupalidade.

10. **Parapercepciologia.** Aumento da percepção da influência positiva dos amparadores e valorização das suas preciosas dicas.

11. **Priorologia.** Motivação com os resultados adquiridos na implementação da rotina útil e continuidade da otimização do tempo com foco nas prioridades evolutivas.

Evitações. O aprendizado adquirido com as conquistas evolutivas evidencia o contraponto das posturas pensênicas que podem ser evitadas durante o processo de retomada da proéxis. Eis, 4 posturas atravancadoras, que devem ser evitadas pelo intermissivista retomador de tarefa:

1. **Antirrecexologia.** Não abrir espaço para patopensenes do tipo: achar que não é possível mudar ou não conseguirá fazê-lo; comparar-se com quem está bem e achar que não é capaz para tanto. Isso significa autocorrupção, ignorância e autassédio crasso.
2. **Automimeticologia.** Não repetir os mesmos erros e as mesmas táticas. Só é possível mudar fazendo diferente.
3. **Autovitimologia.** Nunca se vitimizar. Se o fizer, a pessoa puxa o próprio tapete e joga no lixo os talentos e trafores conquistados.
4. **Patopensenologia.** Não alimentar mágoas, raiva, culpa e tristeza. Esses sentimentos só servem para se autointoxicar, não resolvem os problemas.

Desvio. Outra evitação importante é não ficar estagnado por não conseguir responder as perguntas: onde e quando ocorreu o desvio de proéxis? Por que aconteceu o desvio de proéxis? Qual a escolha feita que marcou a saída da programação existencial?

Hipóteses. No momento em que acontece a percepção do atraso evolutivo, as respostas não serão claras. Faltará autocognição, conhecimento das variáveis envolvidas, cosmovisão dos contextos e maturidade consciencial para entender. Qualquer resposta seria hipótese e não resolveria o problema.

Resolutividade. O que importa é buscar a solução do problema em tempo real, o passado já foi e o futuro será construído a partir das ações no presente. Será positivo, se as escolhas forem acertadas, portanto, mãos à obra.

Tempo. Cabe a cada intermissivista ficar atento à sua programação existencial. Quando o bonde passa, o grupo vai e você fica, é hora de assumir a responsabilidade da perda evolutiva e arregaçar as mangas. Avante!

A *AUTANÁLISE CONSCIENCIAL EVOLUTIVA*
É NORTEADORA PARA *NOVOS AVANÇOS*
NA *AUTOPROÉXIS* ***DO*** *RETOMADOR DE TAREFA*
CIENTE DO *ATUAL MOMENTO* ***EVOLUTIVO.***

19. Considerações Finais

"**Cognópolis:** bairro dos escritores e escritoras da Conscienciologia."

Waldo Vieira (2014b, p. 358)

Novo. Este *Diário de Experiências Cognopolitanas* explicita uma experiência consciencial, do século XXI, em um contexto novo e desconhecido para bilhões de consciências terrestres.

Tempo. A cronêmica e a proxêmica relacionada à Cognópolis Foz do Iguaçu ganha importância ao se analisar as duas últimas décadas sob o prisma da evolutividade.

Discernimento. O tempo da ressoma valorizado e utilizado pelos intermissivistas para vivificar a lucidez e o discernimento, na busca da sabedoria evolutiva.

Grupalidade. A proxêmica aproveitada para ampliar a lucidez quanto às companhias evolutivas reunidas em espaço intrafísico provedor de recursos tecnológicos e paratecnológicos facilitadores da interconvivência sadia e interassistencial.

Coliderança. Evidencia-se a oportunidade de exercitar a coliderança cosmoética, interassistencial e evolutiva através do voluntariado tarístico e do desenvolvimento do autoparapsiquismo lúcido.

Autoparapsiquismo. A CCCI sendo representada pela reunião de parapsíquicos em busca da ampliação da assistência cosmoética, imprime o ritmo evolutivo de autesforço e autodesempenho para as tarefas da maxiproéxis grupal.

Autodirecionamento. A lucidez e o discernimento na utilização dos recursos da Conscienciologia para o autodirecionamento proexológico é o megaposicionamento qualificador para os ajustes intraconscienciais recinológicos necessários aos assistentes profissionais.

Tecnicidade. As tecnologias e paratecnologias avançadas, sendo utilizadas para a autevolução e desenvolvimento da neociência Conscienciologia ganha vulto e direcionamento paradireitológico ao se conectar com o movimento da Reurbex Planetária.

Reurbex. Todo esse conjunto de artefatos do saber, elenco de intermissivistas reunidos no bairro Cognópolis e conectados diretamente à comunidade extrafísica *Interludium*, está inserido no planejamento da Reurbanologia.

Compléxis. Ao se encaixar como minipeça lúcida e engraxada no maximecanismo assistencial, o intermissivista poderá atingir a meta prioritária do completismo existencial.

Dessoma. O período pós-dessoma deixa de ser uma preocupação e passa a ser um planejamento interassistencial com autodiscernimento e melhor aproveitamento do próximo período intermissivo com vistas à liderança interassistencial cosmoética.

Retribuição. Dessa forma, o próximo período intermissivo poderá ser o momento de retribuição de todos os aportes recebidos, nesta ressoma, na condição de conscienciólogos do Século XXI.

Gratidão. A gratidão reversa diz respeito à devolução dos aportes recebidos, é o fluxo do equilíbrio do dar e receber contínuo e profícuo.

Doação. Este livro, oferecido aos receptores interessados em evoluir, representa a oportunidade de retribuir os aportes recebidos pela autora neocognopolita.

Benefícios. Esta gescon é fruto de inspirações cotidianas dos amparadores e compassageiros evolutivos com objetivo de beneficiar a todos.

Satisfação. Está imantado de alegria e satisfação pelo caminho percorrido até aqui e que pretende se prolongar na forma de novas gescons assistenciais.

Índices e Referências

Glossário da Consciencologia

Fonte. O presente glossário foi elaborado a partir de conceitos apresentados pelo pesquisador Waldo Vieira (1932-2015), extraídos dos tratados científicos *700 Experimentos da Conscienciologia (1994)*, *Projeciologia: Panorama das Experiências da Consciência fora do Corpo Humano* (1999), *Homo sapiens reurbanisatus* (2004), *Homo sapiens pacificus* (2007), *Enciclopédia da Conscienciologia* (2013) e *Dicionário de Argumentos da Conscienciologia* (2014); acrescidos de conceitos do glossário do livro Prescrições para o Autodesassédio do pesquisador Maximiliano Haymann.

01. **Amizade raríssima** – A amizade raríssima é o sentimento fiel, recíproco, de afeição, simpatia, estima ou ternura entre conscins, de modo elevado e singular, no qual a atração do convívio mentalsomático, ou do paracorpo do autodiscernimento, ultrapassa a atração do convívio afetivo comum, em patamar evolutivo além das ligações por laços de família ou por atração sexual.

02. **Amparador extrafísico** – Consciex benfazeja e auxiliadora de consciência humana (*conscin*) ou de várias consciências humanas ao mesmo tempo, quando afins ao nível de evolução, notadamente durante as projeções extrafísicas, abrangendo a influência benéfica em toda a vida intrafísica da personalidade e até mesmo durante o estado da vigília física ordinária; benfeitor extrafísico. Expressões equivalentes, arcaicas, desgastadas e envilecidas pelo emprego continuado: *anjo de guarda; anjo guardião; anjo de luz; guia; mentor.*

03. **Androssoma** (*andro + soma*) – O corpo humano masculino ou específico do homem.

04. **Anticosmoética** – Procedimento imaturo no qual a consciência infringe consciente ou inconscientemente os princípios universais corretos e evolutivos da Cosmoética, agindo de modo indigno, antifraterno, marginal ou criminoso, com efeitos patológicos ou dolosos.

05. **Arco voltaico craniochacral** – O arco voltaico craniochacral é a técnica de transmissão e assimilação intensa de energia consciencial (EC) com a palma da mão esquerda (palmochacra) do assistente, homem ou mulher, na área nucal e a outra palma da mão direita (palmochacra) junto ao frontochacra da pessoa assistida, sem tocar o soma, buscando eliminar os bloqueios de energias gravitantes por meio da assim e da desassim, ou das manifestações energéticas vigorosas (alta voltagem das ECs) dos 2 palmochacras do assistente, dos 2 chacras encefálicos do assistente, dos 2 hemisférios cerebrais do assistente, dos 2 chacras encefálicos do assistido e dos 2 hemisférios cerebrais do assistido.

06. **Assediador** – Conscin ou consciex promotora da condição patológica da assedialidade, ação negativa ou perseguição insistente, direta ou indiretamente, de qualquer natureza, sobre outras consciências. Outras expressões equivalentes, arcaicas, desgastadas e envilecidas pelo emprego continuado: *obsessor; vampiro, pseudossábio.*

07. **Assedialidade** – Intrusão pensênica interconsciencial, doentia.

08. **Assim** (*as + sim*) – Assimilação simpática de energias conscienciais (ECs), pela vontade, ou o ato básico de absorver temporariamente as energias conscienciais de outrem e perscrutar-lhe condições holossomáticas, parafisiológicas e parapatológicas, não raro com a decodificação espontânea do conjunto de pensenes de outra ou até mesmo de outras consciências.

09. **Autoabsolutismo** – Decisão magna da conscin lúcida sobre alguma postura crítica, constituindo automanifestação marcante do primado do paracérebro, o *turning point evolutivo* e o *Dia D* da megadecisão na estrutura da autoevolução e da autoprogramação existencial.

10. **Autoassédio** – Condição ou estado da conscin emocional, intelectual e energeticamente predisposta a se molestar autopensenicamente, com insistência importuna e patológica sobre si mesma, sem qualquer higiene consciencial nem autodisciplina ideativa, constituindo o embasamento para todo tipo de heteroassédio.

11. **Autoconsciencioterapeuticologia** – Especialidade da Conscienciologia aplicada à pesquisa e ao estudo do tratamento, alívio e remissão de distúrbios da consciência, executados pela própria conscin

interessada através dos recursos e técnicas derivados da abordagem da consciência "inteira", em suas patologias e parapatologias.

12. **Autoconscienciοterapia** – Processo terapêutico realizado pela consciência interessada na autocura, fundamentado nas técnicas da Conscienciοterapia.

13. **Autoconsciexialidade retrocognitiva** – Condição paradoxal da euforin mais avançada da conscin lúcida se sentir, na vigília física ordinária, como vivia, antes da ressoma, em comunex de holopensene cosmoético harmônico.

14. **Autocura** – Remissão pessoal, bioenergética, dos distúrbios e patologias, em geral, da conscin.

15. **Autodefesa energética** – Capacidade de a consciência se colocar em condição protetora, cosmoética, perante as energias e pensenizações negativas, intrusivas ou patológicas, externas ao microuniverso consciencial.

16. **Autodesassédio** – Estado ou condição da conscin lúcida quanto à vivência teática da tática, estratégia e logística da autodefesa interconsciencial, intra e extraconsciencial, intra e extrafisica, de modo multidimensional, da manutenção do equilíbrio pessoal, íntimo, pleno, o tempo todo, descartando a interferência espúria, intrusiva, de exopensenes patológicos seja de quem for.

17. **Autodesperticidade** – Condição pessoal de desassedialidade permanente total. V. Ser desperto.

18. **Autoevolução** – Conjunto de manifestações pensênicas gerador do movimento ou deslocamento gradual e progressivo pessoal na escala evolutiva das consciências.

19. **Automegagescon** – Gestação consciencial magna ou obra-prima da consciência. V. Gescon.

20. **Autoparaprocedência** – Base extrafisica, original, pessoal, de onde cada consciência intrafisica (conscin) procede, antes da ressoma, durante o período pré-ressomático, quando estava na condição de consciência extrafisica (consciex).

21. **Autossinalética energética** – Sinalética parapsíquica pessoal. Existência, identificação, registro e emprego autoconsciente dos sinais anímicos, energéticos, parapsíquicos e personalíssimos, ou a percepção transcendente, indiscutível, autopersuasiva e autoconfirmadora da presença de consciexes ou de ocorrências extrafisicas, parafatos

e parafenômenos em torno da pessoa parapercipiente na vigília física ordinária ou da conscin projetada, fora do soma, com lucidez.

22. **Autossuficiência evolutiva** – Autoconfiança teática vivenciada pela conscin quando alcança o conjunto de conhecimentos e qualidades específicas para a própria evolução, com o nível de autodiscernimento mais avançado e inteligência evolutiva (IE) policármica, a partir da condição da desperticidade.

23. **Bagulho energético** – Qualquer objeto físico carregado com energias gravitantes patológicas.

24. **Baratrosfera** – Dimensão extrafísica patológica da Paratroposfera terrestre, usada como domicílio coletivo de consciexes anticosmoéticas, doentias, parapsicóticas e paracomatosas.

25. **Bloqueio bioenergético encefálico** – Bloqueio do fluxo das energias conscienciais (ECs) nos 2 hemisférios cerebrais, evidenciando o efeito de autoassédio ou heteroassédio.

26. **Cardiochacra** (*cardio + chacra*) – O chacra localizado na parte frontal do tórax, na região do coração.

27. **Central Extrafísica da Fraternidade** (CEF) – Parainstituição ou comunex especializada, planejada e instalada para irradiar manifestações ou cosmopensenizações da fraternidade permeando o Cosmos de modo terapêutico e homeostático, na assistência silenciosa, anônima e efetiva às consciências, em geral.

28. **Central Extrafísica da Verdade** (CEV) – Parainstituição ou comunex especializada, planejada e instalada para irradiar as manifestações ou paraconstructos da verdade básica do Cosmos, terapêutica e homeostática, na assistência efetiva às consciências, em geral.

29. **Central Extrafísica de Energia** (CEE) – Parainstituição especializada, planejada e montada para estocar, manter e monitorar a energia consciencial (EC), ao modo de estação extrafísica de energias conscienciais, objetivando o abastecimento e a distribuição de energias terapêuticas, homeostatizantes, na assistência efetiva a outras consciências – consciexes e conscins – sob a supervisão direta do *Colégio Invisível dos Serenões.*

30. **Ciclo multiexistencial pessoal** (CMP) – Intervalo de tempo durante o qual se completa a sequência da sucessão, regularmente recorrente, de eventos ou fenômenos do sistema ou condição de alternância continuada, multissomática e multimilenar, no atual nível

evolutivo consciencial médio, do período do renascimento intrafísico (pré-ressomática; ressoma) da consciex na vida humana, com outro período de pós-desativação somática (dessoma; pós-dessomática), extrafísico, dessoma ou a volta da conscin à intermissão.

31. **Círculo Mentalsomático** – Reunião técnica de conscienciólogos para debater temas diversos sob a ótica do Paradigma Consciencial.

32. ***Código duplista de Cosmoética*** (CDC) – Compilação sistemática ou o conjunto de normas de retidão, ortopensenidade e autocomportamento policármico do mais alto grau moral, criado e seguido pelos integrantes da dupla evolutiva.

33. ***Código grupal de Cosmoética*** (CGC) – Compilação sistemática ou o conjunto de normas de retidão, ortopensenidade e autocomportamento policármico do mais alto grau moral, criado e seguido pelo grupo de consciências mais lúcidas, em qualquer dimensão existencial.

34. ***Código pessoal de Cosmoética*** (CPC) – Compilação sistemática ou o conjunto de normas de retidão, ortopensenidade e autocomportamento policármico do mais alto grau moral, criado e seguido pela consciência mais lúcida, em qualquer dimensão existencial.

35. **Colheita intermissiva** – A colheita assistencial, interconsciencial oferecida pelo *rapport*, inspirações, intuições interassistenciais, sugestões, neoideias ou neoconstructos evolutivos, a partir dos conceitos ou informes do texto da obra-prima cosmoética, evolutiva, escrita em vida intrafísica anterior pela conscin autora, agora, vivendo na fase intermissiva, na condição de consciex lúcida, amparadora de função, praticamente compulsória, às leitoras e leitores pósteros, evocadores, a partir dos tópicos do livro ou livros.

36. ***Comunidade Conscienciológica Cosmoética Internacional*** (CCCI) – Conjunto de habitantes, reunião ou agrupamento e a vida intrafísica, em comum, da sociedade de conscins conectadas pelos vínculos conscienciais da Conscienciologia, na cotidianidade diuturna, nesta dimensão humana, material ou terrestre.

37. **Comunidade extrafísica** – Comunex (*comun + ex*); reunião e vida em comum de consciexes em determinada dimensão extrafísica.

38. **Conscienciograma** – Planilha técnica das medidas avaliativas do nível de evolução da consciência; megateste consciencial tendo por modelo o *Homo sapiens serenissimus*, responsável por uma conta

corrente egocármica positiva. Instrumento básico empregado nos testes conscienciométricos.

39. **Consciencômetra** – Conscin especialista em Conscienciometria.

40. **Conscienciometria** – Conscienciometrologia; disciplina ou área aplicada ao estudo das medidas conscienciológicas, ou da consciência, através dos recursos e métodos oferecidos pela Conscienciologia, capazes de assentar as bases possíveis da *matematização da consciência.* Instrumento principal: Consciencioograma.

41. **Conscienciοterapeuta** – Conscin especialista em Conscienciοterapia.

42. **Conscienciοterapia** – Conscienciοterapeuticologia; especialidade aplicada ao estudo do tratamento, alívio ou remissão de distúrbios da consciência, executados através dos recursos e técnicas derivados da Conscienciologia.

43. **Consciex** (*consci + ex*) – Consciência *extra*fisica; o paracidadão ou paracidadã da Sociex. Sinônimo envilecido pelo uso: *desencarnado.*

44. **Conscin** (*consci + in*) – Consciência *intra*fisica; a personalidade humana; o cidadão ou cidadã da Socin. Sinônimo envilecido pelo uso: *encarnado.*

45. **Consener** – É aquela consciência carente e insaciável quanto às energias conscienciais, nos relacionamentos paratroposféricos, vampirizadores, com as outras consciexes, dos seres humanos (conscins) e os animais subumanos.

46. **Consréu** – Consciência extrafisica de paragenética patológica compulsoriamente deslocada – por atuação das reurbanizações extrafisicas – da comunidade extrafisica patológica onde estava há séculos, para outra comunidade extrafisica de transição, afim de se preparar para ressomar na Terra, ou ainda sofrer a transmigração imposta para outro planeta de evolução intrafisica inferior a este.

47. **Coronochacra** (*corono + chacra*) – Chacra coronário; localizado na região superior da cabeça.

48. **Cosmoética** (*cosmo* + ética) – Ética ou reflexão sobre a moral cósmica, multidimensional, definidora da holomaturidade, situada além da moral social, intrafisica, ou se apresentando sob qualquer rótulo humano. Especialidade da Conscienciologia.

49. **Cosmoeticologia** – Especialidade da Conscienciologia aplicada aos estudos e pesquisas da Ética ou reflexão sobre a moral cósmica, multidimensional, definidora da holomaturidade, situada além da moral social, intrafísica, ou se apresentando sob qualquer rótulo humano, ao modo de discernimento máximo, moral e emocional, a partir da intimidade do microuniverso de cada consciência.

50. ***Curso Intermissivo*** (CI) **pré-ressomático** – Conjunto de disciplinas e experiências teáticas administradas à consciex, depois de determinado nível evolutivo, durante o período da intermissão consciencial (Intermissiologia, Extrafisicologia), dentro do ciclo de existências pessoais, objetivando o completismo consciencial (compléxis) da programação existencial (proéxis) da próxima vida intrafísica.

51. **Desassédio** – Ato ou efeito de neutralizar a condição da intrusão pensênica entre as consciências, estado doentio do evoluciente, homem ou mulher, no auto e no heteroassédio.

52. **Desassim** (*des + as + sim*) – Desassimilação simpática de energias conscienciais (ECs), pela vontade, ou o ato básico de desconectar das energias conscienciais de outrem.

53. **Duplismo libertário** – Aplicação teática dos princípios da Duplologia pelos parceiros da dupla evolutiva harmonizada, com base na interassistencialidade cosmoética, capazes de unir os esforços de ambos os duplistas, ao mesmo tempo, no exercício da mutualidade ou interatividade das profissões, na vivência da invéxis, nas práticas da tenepes, na condição de minipeças assistenciais, no âmbito do *Maximecanismo Multidimensional Interassistencial,* até chegar à consecução das megagescons conjuntas.

54. **Energia consciencial** (EC) – A energia imanente empregada pela consciência nas manifestações pessoais, em geral; o *ene* do pensene.

55. **Energia gravitante** – Energia consciencial (EC) imantada a objetos e seres.

56. **Energia imanente** (EI) – Energia primária, vibratória, essencial, multiforme, impessoal, difusa e dispersa em todos os objetos ou *realidades* do Universo, de modo onipotente, ainda indomada pela consciência humana, e demasiadamente sutil para ser descoberta e detectada pelos atuais instrumentos tecnológicos.

57. **Energossoma** (*energo + soma*) – Paracorpo energético da consciência humana.

58. **Epicentro consciencial (epicon)** – Conscin-chave, homem ou mulher, autoconstituída qual eixo fulcral de lucidez, minipeça de *Maximecanismo Multidimensional Interassistencial*, cosmoético, através da autoconsciencialidade avançada ou, por exemplo, do desenvolvimento ativo da oficina extrafisica (ofiex) dentro do tenepessismo.

59. **Equipex** – Equipe assistencial de consciências extrafisicas.

60. **Equipin** – Equipe assistencial de consciências intrafisicas.

61. **Esplenicochacra** (*esplênico + chacra*) – Chacra esplênico; localizado na região do baço.

62. **Estado vibracional** (EV) – Condição técnica de dinamização máxima das energias do energossoma, através da impulsão da vontade.

63. **Eutimia** – Perfeito sossego da consciência, a tranquilidade, a serenidade íntima, a inexcitabilidade ou a imperturbabilidade cosmoética.

64. **Evoluciologia** – Especialidade da Conscienciologia aplicada aos estudos da evolução das consciências abordada de modo integral, holossomático, multiexistencial, multidimensional, em alto nível, matéria específica do orientador evolutivo, orientólogo, evoluciólogo ou parageneticista.

65. **Extraconscienciologia** – Ciência aplicada ao estudo embasado plenamente nas manifestações centradas no exterior do microuniverso consciencial, ou na extraconsciencialidade, quando a consciência (conscin ou consciex) emprega o máximo dos potenciais dos atributos interativos, externos, extracerebrais, com o Cosmos.

66. **Extrapolacionismo** – Estudo aplicado às experiências de extrapolações ou antecipações evolutivas, esporádicas, obviamente não habituais nem rotineiras, da consciência em qualquer nível evolutivo, em relação ao próprio nível atual, imediatamente superior ou outro ainda mais avançado.

67. **Família consciencial** – Grupo afim de consciências intrafisicas e extrafisicas vinculadas por ligações de amizade e por objetivos evolutivos em comum, sem qualquer necessidade de laços parentais ou consanguíneos.

68. ***Ficha evolutiva pessoal*** (FEP) – Registro extrafisico, conjunto ordenado das informações e caracteres mais íntimos e detalhistas das manifestações pensênicas essenciais, relativo às autovivências ou ao microuniverso de todo princípio consciencial, sempre atualizada ou pre-

enchida paratecnologicamente sob a responsabilidade do evoluciólogo, ou orientador evolutivo extrafísico, do grupocarma.

69. **Frontochacra** (*fronto + chacra*) – Chacra frontal; localizado entre as sobrancelhas.

70. **Gescon** (*ges + con*) – Gestação consciencial, produtividade evolutiva, cosmoética e útil da conscin, centrada na consecução de obras de fraternidade vivida de neoideias libertárias, dentro do quadro de obras pessoais da programática mais avançada da proéxis.

71. **Ginossoma** (*gino + soma*) – O corpo humano feminino ou específico da mulher, especializado na reprodução animal da vida intrafísica da conscin; o corpo afrodisíaco.

72. **Grupo evolutivo** – Grupo de consciências que evoluem em conjunto.

73. **Grupocarma** (*grupo + carma*) – Princípio de causa e efeito, atuante na evolução da consciência, quando centrado no grupo evolutivo. Estado do livre-arbítrio individual, quando ligado ao grupo evolutivo.

74. **Heteroassédio** – Condição ou estado da conscin emocional, intelectual e energeticamente submissa ao assédio ou insistência impertinente de outra consciência inconsciente, energívora, ou consciente e mal-intencionada.

75. **Higiene consciencial** – Ciência aplicada aos estudos, pesquisas ou técnicas sistemáticas, teáticas, do conjunto de medidas adotadas para evitar a intrusão e permanência de patopensenes no microuniverso consciencial em determinado holopensene específico, seja pessoal, grupal ou institucional, começando pelas eliminações das pensenizações patológicas, antipensenes doentios e contrapensenes fixos ou monoideísmos viciosos.

76. **Holofilosofia** – Estudo aplicado ao conjunto de conhecimentos ou de todos os princípios formais, fundamentais e multidimensionais da Conscienciologia relativos à compreensão das realidades cósmicas, evolutivas, abarcando, quanto às bases cosmoéticas, universalistas e teáticas, a totalidade dos sistemas e correntes filosóficas, de todas as naturezas existentes na Terra.

77. **Holomemória** – Memória integral – total, contínua, multimemória ou polimemória – é a fonte de identidade consciencial, que um dia, empregaremos com lucidez, eficácia e cosmoética a todo momento,

sem maiores esforços. Esta holomemória é multiexistencial, multimilenar e multidotada, o nosso megarrepositório quanto às vivências.

78. **Holopensene** (*holo* + *pen* + *sen* + *ene*) – Atmosfera pensênica ou ambiente intrafisico fixador do conjunto de pensenes agregados ou consolidados, seja da conscin apenas ou de todo o grupo evolutivo. Sinônimo envilecido pelo uso: egrégora.

79. **Holosfera** – Energosfera pessoal, autopsicosfera ou aura (Latim: aura, sopro de ar); campo de natureza desconhecida, com algumas características magnéticas, de aparência luminosa para sensitivos, consciexes e conscins projetadas, em certas oportunidades, cujas cores provavelmente estão ligadas à energia do campo e às atividades e pensamentos das realidades envolvidas, por exemplo, seres vivos, homens, mulheres, crianças, fetos, animais, plantas, minerais, objetos fisicos e até consciexes (autoluminosidade).

80. **Holossoma** (*holo* + *soma*) – Conjunto dos veículos de manifestação da conscin: soma, energossoma, psicossoma e mentalsoma; e da consciex: psicossoma e mentalsoma.

81. **Holoteca** – Acervo de tecas, sendo esta o megamostruário do conhecimento universal, a biblioteca das bibliotecas.

82. **Instituição Conscienciocêntrica** (IC) – Aquela concentradora das atividades nas autopesquisas da consciência e na reeducação consciencial, a partir da razão social e dos estatutos legais transparentes, sendo intrínseca, cosmoética e consciencialmente sadia.

83. **Inteligência Evolutiva** (IE) – Capacidade de apreender, aprender ou compreender e adaptar-se à vida humana, com base na aplicação e expansão teática, autoconsciente, do mecanismo da evolução consciencial, pessoal, já assimilado, incluindo a Cosmoeticologia, a Seriexologia e a Proexologia, definindo o autodiscernimento da consciência quanto à evolução consciencial racional, inclusive a autoevolução lúcida, na dinamização do próprio desempenho autopensênico e cosmoético.

84. **Interassistencialidade** – Vivência da assistência interconsciencial, mútua, fundamentada notadamente na reeducação por intermédio da tarefa do esclarecimento (tares), inteligência evolutiva (IE), Cosmoética, policarmalidade e no princípio cósmico de "quem é menos doente assiste o mais doente".

85. **Intermissão** – Período extrafisico da consciência entre 2 renascimentos intrafisicos.

86. **Intermissão pós-somática** – Período extrafísico da consciência imediato à desativação somática.

87. **Intermissão pré-somática** – Período extrafísico da consciência anterior ao renascimento intrafísico.

88. **Intermissivista** – Consciex aluna ou ex-aluna de algum *Curso Intermissivo* (CI) pré-ressomático, contudo, no universo da Conscienciologia, é, especificamente, a conscin, homem ou mulher, ex-aluna autoconsciente quanto aos próprios compromissos e deveres evolutivos, variegados, acordados durante as vivências do período da pré-natalidade intermissiva, por intermédio da assistência direta do evoluciólogo atuante naquela oportunidade extrafísica.

89. **Interprisão grupocármica** – Condição da inseparabilidade grupocármica do princípio consciencial evolutivo ou consciência.

90. **Intraconsciencialidade** – Qualidade das manifestações específicas da intimidade da consciência.

91. **Intraconscienciologia** – Ciência aplicada ao estudo embasado plenamente nas manifestações centradas no âmago ou no regaço mais inerente da intraconsciencialidade, quando a consciência (conscin ou consciex) emprega o máximo dos potenciais dos atributos mentaissomáticos mais recônditos, inseridos no microuniverso consciencial.

92. **Intrafisicalidade** – Condição da vida intrafísica, humana, ou da existência da consciência humana.

93. **Inversão existencial** (invéxis) – Técnica evolutiva executada pela consciência intrafísica quando ainda jovem, em geral, antes dos 26 anos de idade.

94. **Iscagem interconsciencial** – É a condição da conscin atuando ao modo de isca energética perante consciex ou consciexes enfermas, ou conseneres (consciexes energívoras).

95. **Laringochacra** (*laringo + chacra*) – O chacra localizado na laringe.

96. ***Lei de causa e efeito*** – Lei de causação cosmoética, governadora infalível de todas as demais leis produtoras de certas consequências no conjunto de ações da consciência. Não castiga, nem recompensa, não cria nem designa nada. Outras acepções: lei de ação e reação, lei do retorno; teoria do revertério comportamental, carma.

97. **Macro-PK destrutiva** – Psicocinesia ou PK (*psychokinesis*) nociva, capaz de acarretar prejuízos à conscin, podendo estes, inclusive, serem fatais ao soma.

98. **Materpensene** (*mater + pen + sen + ene*) – Ideia-mãe ou a matriz de todo desenvolvimento de tese, teoria ou ensaio, o *leitmotiv*, o pilar mestre ou o pensene predominante em determinado holopensene.

99. **Maximoréxis** (*maxi + mor + exis*) – Condição da moratória existencial, a maior, ou quando vem para a consciência intrafísica (conscin) completista, na qualidade de acréscimo ou adendo (base superavitária), quanto ao compléxis da própria programação existencial (proéxis), significando a realização de mandato extra, sadio ou suplementar, além do mandato existencial já concluído.

100. **Megaparafenomenologia** – Ciência aplicada ao estudo dos megaparafenômenos ou fenômenos parapsíquicos magnos, de maior repercussão intraconsciencial e interassistencial, a exemplo da cosmoconsciência.

101. **Megatraf*ar*** (*mega + tra + far*) – O traf*a*r máximo da consciência. **Megatraf*or*** (*mega + tra + for*) – O traf*o*r máximo da consciência.

102. **Melex** (*mel + ex*) – Condição da melancolia extrafísica, pós-somática ou *post-mortem*; paramelancolia.

103. **Melin** (*mel + in*) – Condição da melancolia intrafísica ou *pré-mortem.*

104. **Mentalsoma** (*mental + soma*) – Corpo mental; o *paracorpo* do discernimento da consciência. Plural: *mentaissomas.*

105. **Mentalsomatologia** – Especialidade da Conscienciologia aplicada ao estudo do mentalsoma, o paracorpo do discernimento, veículo de manifestação consciencial mais avançado conhecido na atualidade, e as respectivas consequências evolutivas para a consciência.

106. **Microuniverso intraconsciencial** – A consciência considerada de per si, integralizada, englobando todos os atributos, pensenes e manifestações pessoais no desenvolvimento da autoevolução. O microcosmo da consciência em relação ao macrocosmo do Universo.

107. **Mimo energético** – O oposto de bagulho energético, objeto energizado positivamente.

108. **Moréxis** – Condição da moratória existencial, alargamento do período de vida intrafísica para o cumprimento de tarefa ou tarefas

críticas da proéxis ou para expansão do próprio completismo existencial, quando a maior (maximoréxis).

109. **Neoverpon** – Nova verdade relativa de ponta, neopensene, neoconstructo ou neoideia à espera de ser descoberta ou revelada por meio da persistência inabalável do desempenho do pesquisador autoconsciente ou pesquisadora lúcida.

110. **Ortopensata** – É o pensamento reto, correto, normal, justo, levantado e direto.

111. **Ortopensene** (*orto + pen + sen + ene*) – Pensene *reto* ou cosmoético, próprio da holomaturidade consciencial; a *unidade de medida* da Cosmoética Prática, segundo a Conscienciometria

112. **Ortopensenidade** – Qualidade, o ato ou o efeito da manutenção da autopensenidade caracterizada pelo predomínio constante dos ortopensenes, os pensenes retos ou cosmoéticos, compondo a condição própria da holomaturidade da consciência, conscin ou consciex, e a *unidade da Cosmoeticologia Prática.*

113. **Paracérebro** – Cérebro extrafisico do psicossoma tanto da consciência que esteja dessomada (consciex), ressomada (conscin), ou projetada (projetor ou projetora) temporariamente através do psicossoma, com ou sem lucidez extrafisica.

114. **Paracorpo emocional** – V. psicossoma.

115. **Paratenologia** – Paraciência, ou especialidade da Conscienciologia, aplicada aos estudos específicos, sistemáticos, teáticos ou pesquisas das paratécnicas e paratecnologias tendo em vista a Interassistenciologia.

116. **Paradignidade** – Dignidade das consciexes.

117. **Parafatologia** – Ciência aplicada aos estudos específicos, sistemáticos, técnicos ou pesquisas dos parafatos, parafenômenos, eventexes, paraconjunturas, pararrealidades ou adventos extrafisicos relativos à consciência, conscin ou consciex.

118. **Parafisiologia** – Fisiologia dos veículos de manifestação da consciência, excluído o corpo humano ou soma. Especialidade da Conscienciologia.

119. **Parafisiopatologia** – Funcionamento patológico da fisiologia dos veículos de manifestação da consciência, excluído o corpo humano ou soma. Especialidade da Conscienciologia.

120. **Paragenética** – Genética adstrita às heranças da consciência, através do psicossoma, da vida anterior ao embrião humano. Especialidade da Conscienciologia.

121. **Parapatologia** – Patologia dos veículos de manifestação da consciência, excluído o corpo humano ou soma. Especialidade da Conscienciologia.

122. **Parapercepciologia** – Ciência aplicada aos estudos, conhecimentos específicos, sistemáticos, técnicos, teáticos ou pesquisas da paraperceptibilidade das consciências.

123. **Paraprofilaxia** – Paraprofilaxiologia. Especialidade aplicada ao estudo da profilaxia transcendente aos limites da Intrafisicologia, a fim de prevenir a consciência contra desacertos e inconveniências em todas as dimensões onde se manifesta.

124. **Parassemiologia** – Especialidade conscienciológica aplicada ao estudo, investigação e identificação, além da intrafisicalidade, da parassintomatologia e dos parassinais dos distúrbios e parapatologias da consciência considerada inteira, holossomática, integral, através do parapsiquismo e da Parapercepciologia.

125. **Patopensene** (*pato* + *pen* + *sen* + *ene*) – O pensene patológico ou da amência consciencial; o *pecadilho mental;* a vontade patológica; a intenção doentia; a *ruminação cerebral.*

126. **Pensene** (*pen* + *sen* + *ene*) – Unidade de manifestação prática da consciência, segundo a Conscienciologia, considerando o pensamento ou ideia (concepção), o sentimento ou a emoção, e a EC (energia consciencial) em conjunto, de modo indissociável.

127. **Plantochacra** (*planto* + *chacra*) – Criptochacra ou pré-kundalini. Chacra localizado na planta dos pés.

128. **Policarma** (*poli* + *carma*) – Princípio de causa e efeito, atuante na evolução da consciência, quando centrado no senso e vivência da maxifraternidade cósmica, além do egocarma e do grupocarma.

129. **Porão consciencial** – Fase de manifestação infantil e adolescente da conscin, até chegar ao período da adultidade, caracterizada pelo predomínio dos traf*a*res mais primitivos da consciência multiveicular, multiexistencial e multimilenar.

130. **Pré-serenão** – Conscin, ou consciex, ainda não vivenciando o serenismo lúcido.

131. **Princípio da descrença** – Proposição fundamental e insubstituível da abordagem da Conscienciologia às realidades, em geral, do Cosmos, em qualquer dimensão, recusando a consciência pesquisadora e refutadora todo e qualquer conceito de modo apriorista, dogmático, sem demonstração prática ou reflexão demorada, confronto da causação, lógica e a plenitude da racionalização pessoal.

132. **Proéxis** (*pro* + *exis*) – Programação existencial específica de cada conscin na existência intrafisica.

133. **Programação existencial** – V. Proéxis.

134. **Projeção consciente** – Experiência fora do corpo da conscin com autolucidez.

135. **Psicossoma** (Grego: *psyckhé,* alma; *soma,* corpo) – Paracorpo emocional da consciência; o *corpo objetivo* da conscin.

136. **Psicossomatologia** – Especialidade da Conscienciologia aplicada ao estudo das emoções da consciência, a partir do psicossoma, o paracorpo emocional e dos desejos.

137. **Recéxis** (*reci* + *ex*) – Técnica de reciclagem existencial executada pela conscin.

138. **Reciclogenia** – Condição existencial promovida e mantida pela conscin lúcida, objetivando a reciclagem intra e extraconsciencial, por meio de alguma categoria de virada evolutiva, cosmoética e prioritária, no âmbito do autodiscernimento máximo no momento evolutivo.

139. **Recin** (*reci* + *in*) – Reciclagem intraconsciencial ou a renovação cerebral da consciência humana (conscin) através da criação de neossinapses ou conexões interneuroniais (neuróglias) capazes de permitir o ajuste da programação existencial (proéxis), a execução da reciclagem existencial (recéxis), a inversão existencial (invéxis), a aquisição de neoideias, neopensenes, hiperpensenes e outras conquistas neofilicas da pessoa lúcida motivada.

140. **Retrocognição** – Faculdade perceptiva pela qual a conscin fica conhecendo fatos, cenas, formas, objetos, sucessos e vivências pertencentes ao tempo passado distante, comumente relacionados com a holomemória.

141. **Retropensene** (*retro* + *pen* + *sen* + *ene*) – O pensene específico das autorretrocognições; o *engrama* da Mnemotécnica; a *unidade de medida* das retrocognições, segundo a Conscienciometria.

142. **Ser desperto** (*des + per + to*) – Ser intrafísico, ou ser humano desassediado, permanente, total, homem ou mulher, plenamente autoconsciente da própria qualidade de desperticidade, dentro das tarefas da megafraternidade às consciências, capaz de servir de isca intra e extrafísica, assistencial, lúcida, na condição de epicon, mantendo oficina extrafísica (ofiex), através da prática diária da tenepes ou da tarefa energética pessoal de solidariedade.

143. **Serenão** – Nome popular do *Homo sapiens serenissimus.*

144. **Seriéxis** (*seri + exis*) – Seriação existencial evolutiva da consciência; existências sucessivas; renascimentos intrafísicos em série.

145. **Sexochacra** (*sexo + chacra*) – Chacra radical ou sexual da consciência humana. Expressão antiga relativa à EC deste chacra: *kundalini (o fogo serpentino).*

146. **Sexopensene** (*sexo + pen + sen + e*) – A fantasia sexual; a *unidade de medida* do adultério mental, segundo a Conscienciometria.

147. **Sociex** (*soci + ex*) – Sociedade Extrafísica ou das consciexes. Plural: Sociexes.

148. **Socin** (*soci + in*) – Sociedade Intrafísica ou das conscins; Sociedade Humana. Plural: Socins.

149. **Soma** – Corpo humano; o corpo do indivíduo do reino *Animal,* filo *Cordata,* classe *Mamíferos,* ordem *Primatas,* família *Hominídea,* gênero *Homo,* espécie *Homo sapiens,* o mais elevado nível de animal deste Planeta; apesar do exposto, o veículo mais rústico do holossoma da consciência humana.

150. **Subcérebro abdominal** – O umbilicochacra (centro de energia consciencial acima do umbigo), quando escolhido inconscientemente pela conscin, ainda de evolução medíocre, para sede das manifestações pessoais. O cérebro abdominal, *pseudo*cérebro abdominal, ou *sub*cérebro abdominal é a *eminência parda* do cérebro natural, encefálico (coronochacra e frontochacra); embaraço indefensável na autoevolução consciente.

151. **Tacon** (*ta + con*) – Tarefa da consolação, assistencial, pessoal ou grupal, primária.

152. **Tares** (*tar + es*) – Tarefa do esclarecimento, assistencial, pessoal ou grupal, avançada. Plural: tarefas do esclarecimento.

153. **Teática** (*te* + ática) – Vivência conjunta da teoria e da prática por parte da conscin ou da consciex.

154. **Técnica do turno mentalsomático** – Turno intelectual; turno ideativo. Técnica da reação em cadeia dos autopensenes mentaissomáticos criativos, através da *linha de montagem* das neoideias, com a divisão ordenada do horário diuturno ou o momento quando ocorre a alternância e autorrevezamento do período fixado, dentro da sequência adequada de trabalho intelectual, conforme o tempo (Cronêmica) e o emprego máximo do cérebro (Cerebrologia, Paracerebrologia).

155. **Tenepes** (*t* + *ene* + *pes*) – Tarefa energética pessoal, diária, multidimensional, com assistência permanente de amparadores, a longo prazo ou para o restante da vida intrafísica. Expressão popular: *passes para o escuro.*

156. **Tenepessista** – Praticante da tenepes (tarefa energética pessoal).

157. **Trafal** (*tra* + *fal*) – Traço-faltante da personalidade da conscin; ausência de determinado traço-força.

158. **Trafar** (*tra* + *far*) – Traço-f*a*rdo da personalidade da conscin; componente negativo da estrutura do microuniverso consciencial, o qual a consciência ainda não consegue alijar de si ou desvencilhar-se até o momento.

159. **Trafor** (*tra* + *for*) – Traço-f*o*rça da personalidade da conscin; componente positivo da estrutura do microuniverso consciencial, o qual impulsiona a evolução da consciência.

160. **Transafetividade** – Estado comum das consciexes das comunexes evoluídas.

161. **Umbilicochacra** (*umbilico* + *chacra*) – Chacra umbilical, localizado acima do umbigo ou relativo à fisiologia e parafisiologia (abdominais) da consciência humana.

162. **Verpon** – *Ver*dade *r*elativa de *pon*ta é a conformidade entre o neopensene, a expressão do neopensene (forma) e o objeto do neopensene (conteúdo), ou a realidade (fato) ou pararrealidade (parafato) nova, existindo iniludivelmente para a própria conscin (autoconvicção), segundo o *princípio da descrença,* obtida por intermédio das pesquisas da Conscienciologia.

163. **Voliciolina** – Energia consciencial, haurida pela consciência, a partir da energia imanente, apresentada como hipótese de tentativa para explicar racionalmente a realidade e a atuação das ECs da conscin,

como sendo o combustível, motor ou agente fundamental de atuação da vontade sobre as forças, fluxos e refluxos do Cosmos.

164. **Xenopensene** (*xeno* + *pen* + *sen* + *ene*) – O pensene intrusivo do assediador nas ocorrências de intrusão pensênica ou assedialidade; a *cunha mental;* a *unidade de medida* do assédio interconsciencial, segundo a Conscienciometria.

Bibliografia Específica

01. **Almeida,** Nazaré; **Freire,** Carmen & **Salles,** Rosemary; ***Círculo Mentalsomático: volume I: encontros 01 a 10: período de 07 de abril a 09 de junho de 2012.;*** 1 Vol.; 296 p.; 10 caps.; 18 *E-mails;* 19 fotos; 16 microbiografias; glos. 459 termos; 14 refs.; 23 x 16 cm; br.; *Epígrafe;* Foz do Iguaçu, PR; 2019; páginas 11, 12, 20 e 38.

02. **Arakaki,** Kátia; & **Bonassi,** João; ***Cognópolis Foz: Um Lugar para se Viver;*** pref. Nara Oliveira; & Everton Santos; 280 p.; 21 ilus.; 1 entrevista; 2 fotos; 117 refs.; 20 x 26 cm; br.; *Associação Internacional Editares;* Foz do Iguaçu, PR; 2016; páginas 18, 35, 39, 47, 51 107 e 123.

03. **Arakaki,** Kátia; ***Organização Pró-dessoma;*** verbete; In: **Vieira,** Waldo; Org.; ***Enciclopédia da Conscienciologia;*** apres. Coordenação da ENCYCLOSSAPIENS; revisores Equipe de Revisores da ENCYCLOSSAPIENS; CLXXIV+23.004 p.; 1.112 citações; 11 cronologias; 33 *E-mails;* 206.055 enus.; 602 especialidades; 1 foto; glos. 4.580 termos (verbetes); 701 microbiografias; 270 tabs.; 702 verbetógrafos; 28 *websites;* 670 filmes; 54 videografias; 1.087 *webgrafias;* 13.896 refs.; 9ª Ed. rev. e aum.; Digital; *Associação Internacional de Enciclopediologia Conscienciológica* (ENCYCLOSSAPIENS); &*Associação Internacional Editares;* Foz do Iguaçu, PR; 2018; ISBN 978-85-8477-120-2; páginas 16.084 a 16.088; disponível em: http://encyclossapiens.space/nona/ECDigital9.pdf; acesso em: 10.04.17; 18h52.

04. **Conceição,** Izabel; ***UNICIN;*** verbete; In: **Vieira,** Waldo; Org.; ***Enciclopédia da Conscienciologia;*** apres. Coordenação da ENCYCLOSSAPIENS; revisores Equipe de Revisores da ENCYCLOSSAPIENS; CLXXIV+23.004 p.; 1.112 citações; 11 cronologias; 33 *E-mails;* 206.055 enus.; 602 especialidades; 1 foto; glos. 4.580 termos (verbetes); 701 microbiografias; 270 tabs.; 702 verbetógrafos; 28 *websites;* 670 filmes; 54 videografias; 1.087 *webgrafias;* 13.896 refs.; 9ª Ed. rev. e aum.; Digital; *Associação Internacional de Enciclopediologia Conscienciológica* (ENCYCLOSSAPIENS); &*Associação Internacional Editares;* Foz do Iguaçu, PR; 2018; ISBN 978-85-8477-120-2; páginas 22.427 a 22.433; disponível em: http://encyclossapiens.space/nona/ECDigital9.pdf; acesso em: 10.04.18; 18h52.

05. **Daou,** Dulce; ***Quinhentos Verbetógrafos;*** verbete; In: **Vieira,** Waldo; Org.; ***Enciclopédia da Conscienciologia;*** apres. Coordenação da ENCYCLOSSAPIENS; revisores Equipe de Revisores da ENCYCLOSSAPIENS; CLXXIV+23.004 p.; 1.112 citações; 11 cronologias; 33 *E-mails;* 206.055 enus.; 602

especialidades; 1 foto; glos. 4.580 termos (verbetes); 701 microbiografias; 270 tabs.; 702 verbetógrafos; 28 *websites;* 670 filmes; 54 videografias; 1.087 *webgrafias;* 13.896 refs.; 9ª Ed. rev. e aum.; Digital; *Associação Internacional de Enciclopediologia Conscienciológica* (ENCYCLOSSAPIENS); &*Associação Internacional Editares;* Foz do Iguaçu, PR; 2018; ISBN 978-85-8477-120-2; páginas 18.711 a 18.725; disponível em: http://encyclossapiens.space/nona/ECDigital9.pdf; acesso em: 11.05.17; 19h.

06. **Facury,** Marco; **Buffer *Financeiro;*** verbete; In: **Vieira,** Waldo; Org.; ***Enciclopédia da Conscienciologia;*** apres. Coordenação da ENCYCLOSSAPIENS; revisores Equipe de Revisores da ENCYCLOSSAPIENS; CLXXIV+23.004 p.; 1.112 citações; 11 cronologias; 33 *E-mails;* 206.055 enus.; 602 especialidades; 1 foto; glos. 4.580 termos (verbetes); 701 microbiografias; 270 tabs.; 702 verbetógrafos; 28 *websites;* 670 filmes; 54 videografias; 1.087 *webgrafias;* 13.896 refs.; 9ª Ed. rev. e aum.; Digital; *Associação Internacional de Enciclopediologia Conscienciológica* (ENCYCLOSSAPIENS); &*Associação Internacional Editares;* Foz do Iguaçu, PR; 2018; ISBN 978-85-8477-120-2; páginas 5.179 a 5.185; disponível em: http://encyclossapiens.space/nona/ECDigital9.pdf; acesso em: 08.06.18; 18h.

07. **Fernandes,** Pedro; ***Noite de Gala Mnemônica;*** verbete; In: **Vieira,** Waldo; Org.; ***Enciclopédia da Conscienciologia;*** apres. Coordenação da ENCYCLOSSAPIENS; revisores Equipe de Revisores da ENCYCLOSSAPIENS; CLXXIV+23.004 p.; 1.112 citações; 11 cronologias; 33 *E-mails;* 206.055 enus.; 602 especialidades; 1 foto; glos. 4.580 termos (verbetes); 701 microbiografias; 270 tabs.; 702 verbetógrafos; 28 *websites;* 670 filmes; 54 videografias; 1.087 *webgrafias;* 13.896 refs.; 9ª Ed. rev. e aum.; Digital; *Associação Internacional de Enciclopediologia Conscienciológica* (ENCYCLOSSAPIENS); &*Associação Internacional Editares;* Foz do Iguaçu, PR; 2018; ISBN 978-85-8477-120-2; páginas 15.748 a 15.752; disponível em: http://encyclossapiens.space/nona/ECDigital9.pdf; acesso em: 22.09.17; 15h.

08. **Ferraro,** Cristiane; & **Arakaki,** Kátia; ***Histórico das Tertúlias Conscienciológicas;*** Artigo; *Conscientia;* Revista; Trimestral; Vol. 16; N. 4; Ed. Especial; Seção: Artigo Original; 1 cronologia; 2 *E-mails;* 11 enus.; 34 refs.; Foz do Iguaçu, PR; Outubro-Dezembro, 2012; páginas 360, 365, 367 e 369.

09. **Kübler-Ross,** Elisabeth; ***A Roda da Vida: Memórias do Viver e do Morrer*** (The Wheel of Life); Biografia; revisor Sérgio Mallinello Soares; trad. Maria Luiza Newlands Silveira; 320 p.; 4 partes; 40 caps.; 3 enus.; 1 microbiografia; 1 anexo; 1 apênd.; 21 x 14 cm; br.; 6ª Ed.; *Sextante;* Rio de Janeiro, RJ; 1998; página 220.

10. **Kunz,** Guilherme; ***Manual do Materpensene: A Síntese da Consciência;*** pref. Nara Oliveira; 150 p.; 5 seções; 24 caps.; 24 *E-mails;* 138 enus.; 6 esquemas; 1 fluxograma; 2 fórmulas; 1 foto; 3 tabs.; 24 *websites;* glos. 72

termos; 31 refs.; 23 x 16 cm; br.; *Associação Internacional Editares;* Foz do Iguaçu, PR; 2016; páginas 103 e 107.

11. **Kunz,** Guilherme; ***Técnica da Identificação do Materpensene Pessoal;*** verbete; In: **Vieira,** Waldo; Org.; ***Enciclopédia da Conscienciologia;*** verbete N. 4.822, apresentado no*Tertuliarium / CEAEC,* Foz do Iguaçu, PR; 18.04.19; disponível em: http://encyclossapiens.space/buscaverbete; acesso em: 10.06.19; 10h22.

12. **Lavôr,** Luciana (org.); ***I Noite de Gala Mnemônica – História Ilustrada;*** 404 p.; 1 encarte; 6 enus.; 950 fotos; glos. 213 termos; 53 microbiografias; 28 x 22 x 3 cm; 11 obras de arte; 1 pontoação; 2 tabelas; enc.; *Associação Internacional Editares;* Foz do Iguaçu, PR; 2015; páginas 24, 34, 36, 37,114, 196, 203, 352 e 356.

13. **Manfroi,** Eliana; ***Antidesperdício Consciencial: Escolhas Evolutivas na Era da Fartura;*** apres. Mabel Teles; 230 p.; 3 seções; 21 caps.; 22 citações; 2 *E-mails;* 41 enus.; 1 foto; 1 microbiografia; 1 tab.; 4 testes; 30 notas; 104 refs.; 2 *webgrafias;* 1 anexo; alf.; geo.; ono.; 23 x 16 cm; enc.; *Associação Internacional Editares;* Foz do Iguaçu, PR; 2017; páginas 139, 168 e 171.

14. **Matos,** Guilherme; ***Evitações da Invéxis;*** verbete; In: **Vieira,** Waldo; Org.; ***Enciclopédia da Conscienciologia;*** verbete N. 4.949, apresentado no*Tertuliarium / CEAEC,* Foz do Iguaçu, PR; 23.08.19; disponível em: http://encyclossapiens.space/buscaverbete; acesso em: 29.10.19; 13h.

15. **Nonato,** Alexandre; ***Escola de Despertos;*** verbete; In: **Vieira,** Waldo; Org.; ***Enciclopédia da Conscienciologia;*** apres. Coordenação da ENCYCLOSSAPIENS; revisores Equipe de Revisores da ENCYCLOSSAPIENS; CLXXIV+23.004 p.; 1.112 citações; 11 cronologias; 33 *E-mails;* 206.055 enus.; 602 especialidades; 1 foto; glos. 4.580 termos (verbetes); 701 microbiografias; 270 tabs.; 702 verbetógrafos; 28 *websites;* 670 filmes; 54 videografias; 1.087 *webgrafias;* 13.896 refs.; 9ª Ed. rev. e aum.; Digital; *Associação Internacional de Enciclopediologia Conscienciológica* (ENCYCLOSSAPIENS); &*Associação Internacional Editares;* Foz do Iguaçu, PR; 2018; ISBN 978-85-8477-120-2; páginas 9.960 a 9.964; disponível em: http://encyclossapiens.space/nona/ECDigital9.pdf; acesso em: 09.09.18; 08h20.

16. **Oliveira,** Gelson; ***Autoguiamento Amaurótico;*** verbete; In: **Vieira,** Waldo; Org.; ***Enciclopédia da Conscienciologia;*** apres. Coordenação da ENCYCLOSSAPIENS; revisores Equipe de Revisores da ENCYCLOSSAPIENS; CLXXIV+23.004 p.; 1.112 citações; 11 cronologias; 33 *E-mails;* 206.055 enus.; 602 especialidades; 1 foto; glos. 4.580 termos (verbetes); 701 microbiografias; 270 tabs.; 702 verbetógrafos; 28 *websites;* 670 filmes; 54 videografias; 1.087 *webgrafias;* 13.896 refs.; 9ª Ed. rev. e aum.; Digital; *Associação Internacional de Enciclopediologia Conscienciológica* (ENCYCLOSSAPIENS); &*Associação Internacional Editares;* Foz do Iguaçu, PR; 2018; ISBN 978-85-8477-120-2; páginas

3.230 a 3.235; disponível em: http://encyclossapiens.space/nona/ECDigital9.pdf; acesso em: 28.10.19; 18h48.

17. **Paskulin,** Marcelo; ***Técnica da Invéxis;*** verbete; In: **Vieira,** Waldo; Org.; ***Enciclopédia da Conscienciologia;*** verbete N. 4.908, apresentado no *Tertuliarium / CEAEC,* Foz do Iguaçu, PR; 13.07.19; disponível em: http://encyclossapiens.space/buscaverbete; acesso em: 01.06.19; 18h.

18. **Prata,** Selma; ***Ensaio Dessomático Projetivo;*** verbete; In: **Vieira,** Waldo; Org.; ***Enciclopédia da Conscienciologia;*** apres. Coordenação da ENCYCLOSSAPIENS; revisores Equipe de Revisores da ENCYCLOSSAPIENS; CLXXIV+23.004 p.; 1.112 citações; 11 cronologias; 33 *E-mails;* 206.055 enus.; 602 especialidades; 1 foto; glos. 4.580 termos (verbetes); 701 microbiografias; 270 tabs.; 702 verbetógrafos; 28 *websites;* 670 filmes; 54 videografias; 1.087 *webgrafias;* 13.896 refs.; 9ª Ed. rev. e aum.; Digital; *Associação Internacional de Enciclopediologia Conscienciológica* (ENCYCLOSSAPIENS); &*Associação Internacional Editares;* Foz do Iguaçu, PR; 2018; ISBN 978-85-8477-120-2; páginas 9.697 a 9.700; disponível em: http://encyclossapiens.space/nona/ECDigital9.pdf; acesso em: 23.07.18; 19h50.

19. **Ramiro,** Marta; ***Manual da Técnica da Recéxis;*** pref. Nilse Oliveira; revisores Guilherme Kunz; et al.; 144 p.; 2 seções; 8 caps.; 15 citações; 1 cronologia; 23 *E-mails;* 13 enus.; glos. 151 termos; 1 microbiografia; 2 questionários; 13 siglas; 4 tabs.; 16 testes; 24 *websites;* 36 *webgrafias;* 22 anexos; alf.; ono.; 22,5 x 16 cm; br.; *Associação Internacional Editares;* Foz do Iguaçu, PR; 2018; página 33.

20. **Ramiro,** Marta; ***Técnica da Recéxis;*** verbete; In: **Vieira,** Waldo; Org.; ***Enciclopédia da Conscienciologia;*** apres. Coordenação da ENCYCLOSSAPIENS; revisores Equipe de Revisores da ENCYCLOSSAPIENS; CLXXIV+23.004 p.; 1.112 citações; 11 cronologias; 33 *E-mails;* 206.055 enus.; 602 especialidades; 1 foto; glos. 4.580 termos (verbetes); 701 microbiografias; 270 tabs.; 702 verbetógrafos; 28 *websites;* 670 filmes; 54 videografias; 1.087 *webgrafias*; 13.896 refs.; 9ª Ed. rev. e aum.; Digital; *Associação Internacional de Enciclopediologia Conscienciológica* (ENCYCLOSSAPIENS); &*Associação Internacional Editares;* Foz do Iguaçu, PR; 2018; ISBN 978-85-8477-120-2; páginas 21.582 a 21.590; disponível em: http://encyclossapiens.space/nona/ECDigital9.pdf; acesso em: 02.04.19; 18h52.

21. **Rezende,** Ricardo; ***Voluntariado Conscienciológico Interassistencial;*** 180 p.; 12 caps.; 27 *E-mails;* 1 foto; 1 microbiografia; 2 tabs.; 25 *websites;* glos. 119 termos; 15 refs.; 19 *webgrafias;* 2 apênds.; alf.; 21 x 15,5 cm; br.; 1ª Ed.; 1000ª imp.; *Associação Internacional Editares;* Foz do Iguaçu, PR; 2019, página 48.

22. **Ribeiro,** Ermania; ***Acolhimento Tarístico;*** verbete; In: **Vieira,** Waldo; Org.; ***Enciclopédia da Conscienciologia;*** apres. Coordenação da ENCYCLOSSAPIENS; revisores Equipe de Revisores da ENCYCLOSSAPIENS;

CLXXIV+23.004 p.; 1.112 citações; 11 cronologias; 33 *E-mails;* 206.055 enus.; 602 especialidades; 1 foto; glos. 4.580 termos (verbetes); 701 microbiografias; 270 tabs.; 702 verbetógrafos; 28 *websites;* 670 filmes; 54 videografias; 1.087 *webgrafias;* 13.896 refs.; 9ª Ed. rev. e aum.; Digital; *Associação Internacional de Enciclopediologia Conscienciológica* (ENCYCLOSSAPIENS); &*Associação Internacional Editares;* Foz do Iguaçu, PR; 2018; ISBN 978-85-8477-120-2; páginas 250 a 255; disponível em: http://encyclossapiens.space/nona/ECDigital9.pdf; acesso em: 10.09.15; 18h52.

23. **Ribeiro,** Ermania; ***Analfabetismo Funcional na Assistência;*** verbete; In: **Vieira,** Waldo; Org.; ***Enciclopédia da Conscienciologia;*** verbete N. 4.809, apresentado no *Tertuliarium / CEAEC,* Foz do Iguaçu, PR; 05.04.19; disponível em: http://encyclossapiens.space/buscaverbete; acesso em: 01.08.19; 18h.

24. **Ribeiro,** Ermania; ***Conscin Sertaneja Nordestina;*** verbete; In: **Vieira,** Waldo; Org.; ***Enciclopédia da Conscienciologia;*** apres. Coordenação da ENCYCLOSSAPIENS; revisores Equipe de Revisores da ENCYCLOSSAPIENS; CLXXIV+23.004 p.; 1.112 citações; 11 cronologias; 33 *E-mails;* 206.055 enus.; 602 especialidades; 1 foto; glos. 4.580 termos (verbetes); 701 microbiografias; 270 tabs.; 702 verbetógrafos; 28 *websites;* 670 filmes; 54 videografias; 1.087 *webgrafias;* 13.896 refs.; 9ª Ed. rev. e aum.; Digital; *Associação Internacional de Enciclopediologia Conscienciológica* (ENCYCLOSSAPIENS); &*Associação Internacional Editares;* Foz do Iguaçu, PR; 2018; ISBN 978-85-8477-120-2; páginas 7.041 a 7.047; disponível em: http://encyclossapiens.space/nona/ECDigital9.pdf; acesso em: 20.02.18; 08h.

25. **Ribeiro,** Ermania; ***Maratona Proexológica;*** verbete; In: **Vieira,** Waldo; Org.; ***Enciclopédia da Conscienciologia;*** apres. Coordenação da ENCYCLOSSAPIENS; revisores Equipe de Revisores da ENCYCLOSSAPIENS; CLXXIV+23.004 p.; 1.112 citações; 11 cronologias; 33 *E-mails;* 206.055 enus.; 602 especialidades; 1 foto; glos. 4.580 termos (verbetes); 701 microbiografias; 270 tabs.; 702 verbetógrafos; 28 *websites;* 670 filmes; 54 videografias; 1.087 *webgrafias;* 13.896 refs.; 9ª Ed. rev. e aum.; Digital; *Associação Internacional de Enciclopediologia Conscienciológica* (ENCYCLOSSAPIENS); &*Associação Internacional Editares;* Foz do Iguaçu, PR; 2018; ISBN 978-85-8477-120-2; páginas 14.437 a 14.442; disponível em: http://encyclossapiens.space/nona/ECDigital9.pdf; acesso em: 22.09.16; 18h52.

26. **Roque,** Marlene; ***Minitertúlia Conscienciológica;*** verbete; In: **Vieira,** Waldo; Org.; ***Enciclopédia da Conscienciologia;*** apres. Coordenação da ENCYCLOSSAPIENS; revisores Equipe de Revisores da ENCYCLOSSAPIENS; CLXXIV+23.004 p.; 1.112 citações; 11 cronologias; 33 *E-mails;* 206.055 enus.; 602 especialidades; 1 foto; glos. 4.580 termos (verbetes); 701 microbiografias; 270 tabs.; 702 verbetógrafos; 28 *websites;* 670 filmes; 54 videografias; 1.087 *webgrafias;* 13.896 refs.; 9ª Ed. rev. e aum.; Digital; *Associação Internacio-*

nal de Enciclopediologia Conscienciológica (ENCYCLOSSAPIENS); &*Associação Internacional Editares;* Foz do Iguaçu, PR; 2018; ISBN 978-85-8477-120-2; páginas 15.269 a 15.275; disponível em: http://encyclossapiens.space/nona/ECDigital9.pdf; acesso em: 10.04.18; 20h45.

27. **Rubem,** Jackson; ***Irecê: História Casos e Lendas;*** 284 p.; 3 seções; 40 caps.; 1 *E-mail;* 40 fotos.; 1 microbiografia; 43 refs.; 21 x 14 cm; br.; 1ª Ed.; *Editora Bureau;* Salvador; BA; 1997; página 126.

28. **Takimoto,** Nario; ***Princípios Teáticos da Conscienciοterapia;*** Artigo; ***Proceedings of the 4th Consciential Health Meeting Journal of Conscientiology;*** Foz do Iguaçu, PR; 07-10.09.06. *Journal;* Revista; Trimestral; Vol. 9; N. 33-S; 29 enus.; 1 microbiografia; 3 tabs; 29 refs.; *Internacional Academy of Consciouness (IAC);* London; September, 2006; página 13.

29. **Teles,** Mabel; ***Zéfiro: a paraidentidade intermissiva de Waldo Vieira;*** revisores Erotides Louly; et al.; 240 p.; 3 seções; 14 caps.; 113 citações; 22 *E-mails;* 32 enus.; 37 fotos; 1 linha do tempo; 1 minicurrículo; 2 tabs.; 20 *websites;* 45 refs.; alf.; geo.; ono.; 23 x 16 cm; br.; *Associação Internacional Editares;* Foz do Iguaçu, PR; 2014; páginas 21, 23 e 24.

30. **Ulman,** Karla; ***Democracia: experimentos no bairro Cognópolis-Foz;*** 1 Vol.; 234 p.; 4 caps.; 1 *E-mail;* 1 foto; 2 gráfs.; 1 mapa; 1 microbiografia; 39 siglas; 645 notas; 156 refs.; 23 *webgrafias;* 3 anexos; 2 apênds.; 23 x 16 cm; br.; *CRV;* Curitiba, PR; 2019; páginas 132, 142, 143 e 169.

31. **Vieira,** Waldo; ***Dicionário de Argumentos da Conscienciologia***; revisores Equipe de Revisores do Holociclo; 1.572 p.; 1 *blog;* 21 *E-mails;* 551 enus.; 1 esquema da evolução consciencial; 18 fotos; glos. 650 termos; 19 *websites;* alf.; 28,5 x 21,5 x 7 cm; enc.; *Associação Internacional Editares;* Foz do Iguaçu, PR; 2014a; páginas 77, 78, 81, 250, 255, 334, 379, 518, 627, 872, 877, 878, 879, 1.004, 1.005, 1.066, 1.068, 1.069, 1.071 e 1.072.

32. **Idem (Org);** ***500 Verbetógrafos da Enciclopédia da Conscienciologia;*** apres. e coord geral. Dulce Daou; & Rosa Nader; concepção do projeto Cida Nicolau; coord. do projeto Eliana Manfroi; & Miriam Kunz; revisores da Encyclossapiens; 602 p.; 25 *E-mails;* 25 endereços; 501 fotos; 501 minibiografias; 500 siglas; 1 tab.; 28,5 x 21,5 x 3,5 cm; enc.; *Associação Internacional Editares;* Foz do Iguaçu, PR; 2016; página 23.

33. **Idem;** ***700 Experimentos da Conscienciologia;*** 1.058 p.; 40 seções; 100 subseções; 700 caps.; 147 abrevs.; 1 cronologia; 100 datas; 1 *E-mail;* 600 enus.; 272 estrangeirismos; 2 tabs.; 300 testes; glos. 280 termos; 5.116 refs.; alf.; geo.; ono.; 28,5 x 21,5 x 7 cm; enc.; *Instituto Internacional de Projeciologia* (IIP); Rio de Janeiro, RJ; 1994; páginas 77, 431, 612 e 729.

34. **Idem;** ***Amparo Extrafísico; Ciclo Multiexistencial Pessoal; Cognopolita; Duplismo Libertário; Ficha Evolutiva Pessoal; Identidade Extra; Interassistenciologia; Materpensene; Minipeça Interassistencial; Radicação Vitalícia na Cognópolis; Rotina Útil; Vínculo Consciencial;***

verbetes; In: **Vieira,** Waldo; Org; ***Enciclopédia da Conscienciologia;*** apres. Coordenação da ENCYCLOSSAPIENS; revisores Equipe de Revisores da ENCYCLOSSAPIENS; CLXXIV+23.004 p.; 1.112 citações; 11 cronologias; 33 *E-mails;* 206.055 enus.; 602 especialidades; 1 foto; glos. 4.580 termos (verbetes); 701 microbiografias; 270 tabs.; 702 verbetógrafos; 28 *websites;* 670 filmes; 54 videografias; 1.087 *webgrafias;* 13.896 refs.; 9ª Ed. rev. e aum.; Digital; *Associação Internacional de Enciclopediologia Conscienciológica* (ENCYCLOSSAPIENS); *&Associação Internacional Editares;* Foz do Iguaçu, PR; 2018; ISBN 978-85-8477-120-2; páginas 861 a 865, 5.674 a 5.678, 5.964 a 5.966, 9.078 a 9.080, 11.008 a 11.011, 12.211 a 12.213, 13.152 a 13.155, 14.514 a 14.518, 15.254 a 15.256, 18.793 a 18.796, 19.878 a 19.880; 22.775 a 22.777; disponível em: http://encyclossapiens.space/nona/ECDigital9.pdf; acesso em: 10.10.19; 11h.

35. **Idem; *Homo sapiens pacificus;*** revisores Equipe de Revisores do Holociclo; 1.584 p.; 24 seções; 413 caps.; 403 abrevs.; 38 *E-mails;* 434 enus.; 484 estrangeirismos; 1 foto; 37 ilus.; 168 megapensenes trivocabulares; 1 microbiografia; 36 tabs.; 15 *websites;* glos. 241 termos; 25 pinacografias; 103 musicografias; 24 discografias; 20 cenografias; 240 filmes; 9.625 refs.; alf.; geo.; ono.; 29 x 21,5 x 7 cm; enc.; 3ªEd. Gratuita; *Associação Internacional do Centro de Altos Estudos da Conscienciologia (CEAEC); & Associação Internacional Editares;* Foz do Iguaçu, PR; 2007; páginas 811 e 2.126.

36. **Idem; *Homo sapiens reurbanisatus;*** revisores Equipe de Revisores do Holociclo; 1.584 p.; 24 seções; 479 caps.; 139 abrevs.; 12 *E-mails;* 597 enus.; 413 estrangeirismos; 1 foto; 40 ilus.; 1 microbiografia; 25 tabs.; 4 *websites;* glos. 241 termos; 3 infográficos; 102 filmes; 7.665 refs.; alf.; geo.; ono.; 29 x 21 x 7 cm; enc.; 3ª Ed. Gratuita; *Associação Internacional do Centro de Altos Estudos da Conscienciologia (CEAEC);* Foz do Iguaçu, PR; 2003; páginas 87 e 89.

37. **Idem; *Léxico de Ortopensatas;*** revisores Equipe de Revisores do Holociclo; 2 Vols.; 1.800 p.; Vols. 1 e 2; 1 *blog;* 652 conceitos analógicos; 22 *E-mails;* 19 enus.; 1 esquema da evolução consciencial; 17 fotos; glos. 6.476 termos; 1.811 megapensenes trivocabulares; 1 microbiografia; 20.800 ortopensatas; 2 tabs.; 120 técnicas lexicográficas; 19 *websites;* 28,5 x 22 x 10 cm; enc.; *Associação Internacional Editares;* Foz do Iguaçu, PR; 2014b; páginas 50, 178, 329, 342, 358, 407, 413, 473, 512, 552, 618, 756, 908, 1.069, 1.090, 1.091, 1.094, 1.213, 1.466, 1.472, 1.684 e 1.715.

38. **Idem; *Manual da Dupla Evolutiva;*** revisores Erotides Louly; & Helena Araújo; 208 p.; 40 caps.; 20 *E-mails;* 88 enus.; 1 foto; 1 microbiografia; 1 teste; 17 *websites;* 16 refs.; alf.; 21 x 14 cm; br.; 3ª Ed.; *Associação Internacional Editares;* Foz do Iguaçu, PR; 2012; páginas 11, 34 e 137.

39. **Idem; *Projeciologia: Panorama das Experiências da Consciência Fora do Corpo Humano;*** revisores Alexander Steiner; et al.; 1.248 p.; 18 seções; 525 caps.; 150 abrevs.; 16 *E-mails;* 1 foto; 43 ilus.; 1 microbiografia;

1 sinopse; 2 *websites;* glos. 300 termos; 1.907 refs.; alf.; geo.; ono.; 28 x 21 x 7 cm; enc.; 4ª Ed. rev. e aum.; *Instituto Internacional de Projeciologia e Conscienciologia* (IIPC); Rio de Janeiro, RJ; 1999; páginas 33 e 39.

Webgrafia Específica

1. ***Instituto Cognopolitano de Geografia e Estatística (ICGE); Planilhas de Autopesquisa / Pensenograma;*** coordenador Flávio Buononato; disponível em: www.icge.org.br; acesso em: 15.10.2019.

2. ***Organização Internacional de Conscienciοterapia (OIC); Dicionário Terminológico Multilíngue de Conscienciοterapia (DTMC);*** desde 2015; 1 ref.; disponível em: conscienciοterapia.paratecnologia.org; acesso em 20.07.2018.

3. **Ribeiro,** Ermania; ***Autoconscienciοterapia aplicada à Autossujeição na Relação Afetivo-Sexual;*** *Conscientiotherapia;* Revista; Anual; N. 5; Foz do Iguaçu, PR; dez, 2017; página 32; disponível em: http://www.conscientiotherapia.org.br/index.php?journal=revista&page=article&op=view&path%5B%5D=75; acesso em: 21 nov. 2017.

4. ***União das instituições conscienciοcêntricas (UNICIN);*** disponível em: unicin.org/pt/unicin/orgaos-sociais; acesso em: 22/05/2019.

Índice Remissivo

Instituições Conscienciocêntricas

ICs. As *Instituições Conscienciocêntricas* (ICs) são organizações cujos objetivos, metodologias de trabalho e modelos organizacionais estão fundamentados no *Paradigma Consciencial.* A atividade principal das ICs é apoiar a evolução das consciências através da *tarefa do esclarecimento* pautada pelas *verdades relativas de ponta,* encontradas nas pesquisas no campo da Ciência Conscienciologia e especialidades.

Voluntariado. Todas as *Instituições Conscienciocêntricas* são associações independentes, de caráter privado, sem fins de lucro e mantidas predominantemente pelo trabalho voluntário de professores, pesquisadores, administradores e profissionais de diversas áreas.

CCCI. O conjunto das *Instituições Conscienciocêntricas* e dos voluntários da Conscienciologia no planeta compõe a *Comunidade Conscienciológica Cosmoética Internacional* (CCCI) formada atualmente por 24 ICs, incluindo a *Associação Internacional Editares.*

AIEC – Associação Internacional para Expansão da Conscienciologia
Fundação: 22/04/2005
Sede: Av. Felipe Wandscheer, 6.200, sala 111, Cognópolis, Foz do Iguaçu, Paraná, Brasil, CEP: 85856-850
Tel.: +55 (45) 2102-1411
Site: www.worldaiec.org
Contato: info@worldaiec.org

APEX – Associação Internacional da Programação Existencial
Fundação: 20/02/2007
Sede: Rua da Cosmoética, 1.635, sala 12, Cognópolis, Foz do Iguaçu, Paraná, Brasil, CEP: 85856-852
Tel.: +55 (45) 2102-1499; +55 (45) 9-9134-1185
Site: www.apexinternacional.org
Contato: contato@apexinternacional.org

ARACÊ – ASSOCIAÇÃO INTERNACIONAL PARA EVOLUÇÃO DA CONSCIÊNCIA
Fundação: 14/04/2001
***Campus* ARACÊ:** Rota do Conhecimento, Km 7, acesso pela BR-262 Km 86, Distrito de Aracê, Domingos Martins, Espírito Santo, Brasil
Endereço para correspondência: Caixa Postal 110, Pedra Azul, Domingos Martins, Espírito Santo, Brasil, CEP: 29278-000
Tel.: +55 (27) 9-9997-3120
Site: www.arace.org
Contato: associacao@arace.org

ASSINVÉXIS – ASSOCIAÇÃO INTERNACIONAL DE INVERSÃO EXISTENCIAL
Fundação: 22/07/2004
***Campus* de Invexologia:** Av. Maria Bubiak, 1.100, Cognópolis, Foz do Iguaçu, Paraná, Brasil, CEP: 85856-810
Tel.: +55 (45) 3525-0913
Site: www.assinvexis.org
Contato: contato@assinvexis.org

ASSIPI – ASSOCIAÇÃO INTERNACIONAL DE PARAPSIQUISMO INTERASSISTENCIAL
Fundação: 29/12/2011
Sede: Av. Felipe Wandscheer, 6.200, sala 212, Cognópolis, Foz do Iguaçu, Paraná, Brasil, CEP: 85856-850
Tel.: +55 (45) 9-9101-8856
Site: www.assipi.org
Contato: assipi@assipi.com

CEAEC – ASSOCIAÇÃO INTERNACIONAL DO CENTRO DE ALTOS ESTUDOS DA CONSCIENCIOLOGIA
Fundação: 15/07/1995
Sede: Rua da Cosmoética, 1.635, Cognópolis, Caixa Postal 921, Foz do Iguaçu, Paraná, Brasil, CEP: 85856-852
Tel.: +55 (45) 2102-1499
Site: www.ceaec.org
Contato: ceaec@ceaec.org

COMUNICONS – ASSOCIAÇÃO INTERNACIONAL DE COMUNICAÇÃO CONSCIENCIOLÓGICA
Fundação: 24/07/2005
Sede: Av. Felipe Wandscheer, 6.200, sala 206, Cognópolis, Foz do Iguaçu, Paraná, Brasil, CEP: 85856-850
Tel.: +55 (45) 9-8827-5920
Site: www.comunicons.org.br
Contato: comunicons@comunicons.org

CONSCIUS – Associação Internacional de Conscienciometria Interassistencial
Fundação: 24/02/2006
Sede: Av. Felipe Wandscheer, 6.200, sala 110, Cognópolis, Foz do Iguaçu, Paraná, Brasil, CEP: 85856-850
Tel.: +55 (45) 2102-1460
Site: www.conscius.org.br
Contato: conscius@conscius.org.br

CONSECUTIVUS – Associação Internacional de Pesquisas Seriexológicas e Holobiográficas
Fundação: 14/12/2014
Sede: Av. Felipe Wandscheer, 6.200, Casa 351, Cognópolis, Foz do Iguaçu, Paraná, Brasil, CEP: 85856-850
Tel.: +55 (45) 9-9121-0717
Site: www.consecutivus.com.br
Contato: consecutivus@consecutivus.com.br

COSMOETHOS – Associação Internacional de Cosmoeticologia
Fundação: 03/10/2015
Sede: Av. Felipe Wandscheer, 6.200, sala 104, Cognópolis, Foz do Iguaçu, Paraná, Brasil, CEP: 85856-850
Tel.: +55 (45) 9-9927-0880
Site: www.cosmoethos.org.br
Contato: contato@cosmoethos.org.br

ECTOLAB – Associação Internacional de Pesquisa Laboratorial em Ectoplasmia e Paracirurgia
Fundação: 14/07/2013
Sede: Avenida Felipe Wandscheer, 6.200, sala 105, Cognópolis, Foz do Iguaçu, Paraná, Brasil, CEP: 85856-850
Tel.: +55 (45) 2102-1417; +55 (45) 9-9101-1407
Site: www.ectolab.org
Contato: ectolab@ectolab.org

EDITARES – Associação Internacional Editares
Fundação: 23/10/2004
Sede: Av. Felipe Wandscheer, 6.200, sala 100D, Cognópolis, Foz do Iguaçu, Paraná, Brasil, CEP: 85856-850
Tel.: +55 (45) 99133-2818
Site: www.editares.org.br
Contato: editares@editares.org

ENCYCLOSSAPIENS – Associação Internacional de Enciclopediologia Conscienciológica
Fundação: 21/12/2013
Sede: Rua da Cosmoética, 1.635, Cognópolis, Foz do Iguaçu, Paraná, Brasil, CEP: 85856-852
Tel.: +55 (45) 2101-1499
Site: www.encyclossapiens.org
Contato: contato@encyclossapiens.org

EVOLUCIN – Associação Internacional de Conscienciologia para Infância
Fundação: 09/07/2006
Sede: Av. Felipe Wandscheer, 6.200, casa 102, Cognópolis, Foz do Iguaçu, Paraná, Brasil, CEP: 85856-850
Tel.: +55 (45) 9-9121-4343
Site: www.evolucin.org
Contato: evolucin@gmail.com

IC TENEPES – Associação Internacional de Tenepessologia
Fundação: 11/06/2016
Sede: Av. Felipe Wandscheer, 6.200, sala 205, Cognópolis, Foz do Iguaçu, Paraná, Brasil, CEP: 85856-850
Tel.: +55 (45) 9131-2855
Site: www.ictenepes.org

IIPC – Instituto Internacional de Projeciologia e Conscienciologia
Fundação: 16/01/1988
Sede: Av. Felipe Wandscheer, 6.200, sala 103, Cognópolis, Foz do Iguaçu, Paraná, Brasil, CEP: 85856-850
***Campus* de Pesquisas IIPC:** Estrada do Universalismo, 1.177, Sampaio Correa, Saquarema, Rio de Janeiro, Brasil, CEP: 28997-970
Tel.: +55 (45) 2102-1448
Site: www.iipc.org.br
Contato: iipc@iipc.org.br

INTERCAMPI – Associação Internacional dos *Campi* de Pesquisas da Conscienciologia
Fundação: 23/07/2005
Sede: Av. Antonio Basílio, 3006, sala 602, Lagoa Nova, Natal, Rio Grande do Norte, Brasil, CEP: 59056-005
Tel.: +55 (84) 3211-3126
Site: www.intercampi.org
Contato: intercampi@intercampi.org

INTERPARES – Associação Internacional de Aportes Interassistenciais
Fundação: 15/05/2016
Sede: Rua Cosmoética, 1.635, sala 11, Cognópolis, Foz do Iguaçu, Paraná, Brasil, CEP: 85856-852
Tel.: +55 (45) 9 9124-7689
Site: www.interpares.org.br
Contato: interpares@interpares.org.br

JURISCONS – Associação Internacional de Paradireitologia
Fundação: 25/04/2015
Sede: Av. Felipe Wandscheer, 6.200, sala 350 A, Cognópolis, Foz do Iguaçu, Paraná, Brasil, CEP: 85856-850
Site: www.juriscons.org
Contato: juriscons@juriscons.org

OIC – Organização Internacional de ConscienciOterapia
Fundação: 06/09/2003
***Campus* OIC**: Av. Felipe Wandscheer, 6.945, Cognópolis, Foz do Iguaçu, Paraná, Brasil, CEP: 85856-850
Tel.: +55 (45) 3025-1404; +55 (45) 9-9992-1664
Site: www.oic.org.br
Contato: aco@oic.org.br

ORTHOCOGNITIVUS – Associação Internacional para Implantação da Cognópolis em SC
Fundação: 18/05/2018
Sede: Av. Mal. Castelo Branco, 65, Sala 1111, Torre B, Edifício Kennedy Towers, bairro Santa Campinas, São José, Santa Catarina, Brasil, CEP: 88101-020
Tel.: +55 (48) 99845-9931
Site: www.cognopolis-sc.org
Contato: contato@cognopolis-sc.org

REAPRENDENTIA – Associação Internacional de Parapedagogia e Reeducação Consciencial
Fundação: 21/10/2007
Sede: Felipe Wandscheer, 6.560, Cognópolis Foz do Iguaçu, Paraná, Brasil, CEP: 85856-850
Tel.: +55 (45) 3525-2652 – Fax: +55 (45) 3525-5511
Site: www.reaprendentia.org
Contato: contato@reaprendentia.org.br

UNICIN – União das Instituições Conscienciocêntricas Internacionais
Fundação: 22/01/2005
Sede: Av. Felipe Wandscheer, 6.200, salas 201 a 203, Cognópolis, Foz do Iguaçu, Paraná, Brasil, CEP: 85856-850
Tel.: +55 (45) 2102-1405
Site: www.unicin.org
Contato: unicin@unicin.org

UNIESCON – União Internacional de Escritores da Conscienciologia
Fundação: 23/11/2008
Sede: Rua da Cosmoética, 1.635, Cognópolis, Foz do Iguaçu, Paraná, Brasil, CEP: 85856-852
Tel.: +55 (45) 2102-1499
Site: www.uniescon.org
Contato: uniescon.ccci@gmail.com

Publicações da Editares

Autores	Títulos em Português
Adriana Kauati —	Síndrome do Impostor
Adriana Lopes —	Sensos Evolutivos e Contrassensos Regressivos
Alessandra Nascimento e Felix Wong —	Conscienciologia é Notícia
Alexandre Nonato —	JK e os Bastidores da Construção de Brasília
Alexandre Nonato *et al.* —	Acoplamento Energético
Alexandre Nonato *et al.* —	Inversão Existencial
Alexandre Zaslavsky (Editor) —	Interparadigmas 1 – Princípio da Descrença
Alexandre Zaslavsky (Editor) —	Interparadigmas 2 – Parapercepciologia
Alexandre Zaslavsky (Editor) —	Interparadigmas 3 – Pesquisa da Autoconsciência
Alexandre Zaslavsky (Editor) —	Interparadigmas 4 – Diálogos Interparadigmáticos
Alexandre Zaslavsky (Editor) —	Interparadigmas 5 – Precursores Interparadigmáticos
Alexandre Zaslavsky (Editor) —	Interparadigmas 6 – O Paradigma Consciencial e Outros Paradigmas de Pesquisa da Consciência
Alexandre Zaslavsky (Editor) —	Interparadigmas 7 – Transição Autoparadigmática
Aline Niemeyer —	Megapensenes Trivocabulares da Interassistencialidade
Aline Niemeyer e Lilian Zolet —	Técnicas Bioenergéticas para Crianças
Almir Justi *et al.* —	Competências Parapsíquicas
Alzemiro Rufino de Matos —	Vida: Oportunidade de Aprender
Alzira Gesing —	Intenção
Ana Luiza Resende *et al.* —	Manual do ECP2
Ana Seno —	Comunicação Evolutiva

Autores	Títulos em Português
Ana Seno e Eliane Stédile	— *Serenarium*
Anália Rosário Lopes *et al.*	— Dicionário de Tecas da Holotecologia
Antonio Fontenele	— Decisões Evolutivas
Antônio Pitaguari e Marina Thomaz	— Redação e Estilística Conscienciológica
Arlindo Alcadipani	— Itinerário Evolutivo de um Reciclante
Bárbara Ceotto	— Diário de Autocura
Beatriz Tenius e Tatiana Lopes	— Autopesquisa Conscienciológica
Caio Polizel	— Diretrizes da Autogestão Existencial
Cesar Cordioli	— Calepino Conscienciológico
Cesar Cordioli	— Conscienciologia
Cesar Machado	— Antivitimização
Cesar Machado	— Proatividade Evolutiva
Cesar Machado e Stéfani Sabetzki	— Humanização Parapsíquica na UTI
Cirleine Couto	— Contrapontos do Parapsiquismo
Cirleine Couto	— Inteligência Evolutiva Cotidiana
Dalva Morem	— Sempre é Tempo
Dayane Rossa	— Oportunidade de Viver
Dayane Rossa	— Megatrafor
Débora Klippel	— O Pequeno Pesquisador
Dulce Daou	— Autoconsciência e Multidimensionalidade
Dulce Daou	— Vontade: Consciência Inteira
Eduardo Martins	— Higiene Consciencial
Eliana Manfroi	— Antidesperdício Consciencial
Eliane Wojslaw *et. al.*	— Glossário Inglês-Português de Termos Essenciais da Conscienciologia
Ernani Brito, Rosemary Salles e Sandra Tornieri (Orgs.)	— Livro dos Credores Grupocármicos
Eucárdio de Rosso (Org.)	— Cosmoeticologia
Everaldo Bergonzini e Lilian Zolet	— Convivialidade Sadia
Fernando Sivelli e Marineide Gregório	— Autoexperimentografia Projeciológica
Flavia Rogick	— Consciência Centrada na Assistência
Flavia Rogick	— Mudar ou Mudar
Flávio Amado	— Teáticas da Tenepes

Autores	Títulos em Português
Flávio Buononato –	Anuário da Conscienciologia 2012
Flávio Buononato –	Anuário da Conscienciologia 2013
Flávio Buononato –	Anuário da Conscienciologia 2014
Flávio Buononato –	Fatos e Parafatos da Cognópolis Foz do Iguaçu
Flávio Monteiro e Pedro Marcelino –	Cons: Compreendendo Nossa Evolução
Giuliana Costa –	Autobiografia de uma Personalidade Consecutiva
Graça Razera –	Hiperatividade Eficaz
Guilherme Kunz –	Manual do Materpensene
Isabel Manfroi –	O Empreendedorismo Reurbanizador de Hércules Galló e Waldo Vieira
Jacqueline Nahas e Pedro Fernandes –	*Homo Lexicographus*
Jayme Pereira –	Bárbarah vai à Estrela
Jayme Pereira –	Princípios do Estado Mundial Cosmoético
João Aurélio e Kátia Arakaki –	Cognópolis Foz: um Lugar para se Viver
João Paulo Costa e Dayane Rossa –	Manual da Conscin-Cobaia
João Ricardo Schneider –	História do Parapsiquismo
Jovilde Montagna –	Vivências Parapsíquicas de uma Pediatra
Julieta Mendonça –	Manual do Texto Dissertativo
Julio Almeida –	Qualificação Autoral
Julio Almeida –	Qualificações da Consciência
Kátia Arakaki –	Antibagulhismo Energético
Kátia Arakaki (Org.) –	Autofiex: Teática do Ofiexista Waldo Vieira
Kátia Arakaki –	Otimizações Pré-Tenepes
Kátia Arakaki –	Viagens Internacionais
Laura Sánchez –	Lastanosa
Lilian Zolet –	Parapsiquismo na Infância
Lilian Zolet e Flávio Buononato –	Manual do *Acoplamentarium*
Lilian Zolet e Guilherme Kunz –	*Acoplamentarium:* Primeira Década
Lourdes Pinheiro e Felipe Araújo –	Dicionário de Verbos Conjugados da Língua Portuguesa
Luciana Lavôr –	Noite de Gala Mnemônica

Autores	Títulos em Português
Luciano Vicenzi	Coragem para Evoluir
Lucy Lutfi	Voltei para Contar
Luiz Bonassi	Paradoxos
Mabel Teles	Profilaxia das Manipulações Conscienciais
Mabel Teles	Zéfiro
Málu Balona	Autocura Através da Reconciliação
Málu Balona	Síndrome do Estrangeiro
Marcelo da Luz	Onde a Religião Termina?
Maria Helena Lagrota	Minhas Quatro Estações
Maria Thereza Lacerda	A Pedra do Caminho
Marilza Andrade	Projeções Assistenciais
Marina Thomaz e Antonio Pitaguari	Tenepes: Assistência Interdimensional Lúcida
Marlene Koller	Da Consciência Rebelde à Holoconvivialidade Pacífica
Marta Ramiro	Manual da Técnica da Recéxis
Maximiliano Haymann	Prescrições para o Autodesassédio
Maximiliano Haymann	Síndrome do Ostracismo
Miriam Kunz	Antropozooconviviologia
Moacir Gonçalves e Rosemary Salles	Dinâmicas Parapsíquicas
Paulo Mello	Evolutividade Planejada
Phelipe Mansur	Empreendedorismo Evolutivo
Reinalda Fritzen	Caminhos de Autossuperação
Ricardo Rezende	Voluntariado Conscienciológico Interassistencial
Roberto Leimig	Vidas de Naturalista
Rodrigo Medeiros	Clarividência
Rosa Nader	Autodesrepressão
Rosa Nader	Manual de Verbetografia (Org.)
Roseli Oliveira	Dicionário de Eufemismos da Língua Portuguesa
Rosemary Salles	Consciência em Revolução
Sandra Tornieri	Mapeamento da Sinalética Energética Parapsíquica
Selma Prata	O Cérebro Envelhece e o Paracérebro Enriquece
Silda Dries	Teoria e Prática da Experiência Fora do Corpo

Autores	Títulos em Português
Tathiana Mota –	Curso Intermissivo
Tatiana Lopes –	Desenvolvimento da Projetabilidade Lúcida
Tony Musskopf –	Autenticidade Consciencial
Vera Hoffmann –	Sem Medo da Morte
Vera Tanuri –	Perdão
Victor Strater Bolfe –	Estado Vibracional
Wagner Alegretti –	Retrocognições
Wagner Strachicini –	Consciência Antidogmática
Waldo Vieira –	100 Testes da Conscienciometria
Waldo Vieira –	200 Teáticas da Conscienciologia
Waldo Vieira –	500 Verbetógrafos da Enciclopédia da Conscienciologia
Waldo Vieira –	700 Experimentos da Conscienciologia
Waldo Vieira –	Cristo Espera por Ti (edição comentada)
Waldo Vieira –	Dicionário de Argumentos da Conscienciologia
Waldo Vieira –	Dicionário de Neologismos da Conscienciologia
Waldo Vieira –	Enciclopédia da Conscienciologia
Waldo Vieira –	*Homo sapiens pacificus*
Waldo Vieira –	*Homo sapiens reurbanisatus*
Waldo Vieira –	Léxico de Ortopensatas
Waldo Vieira –	Manual da Dupla Evolutiva
Waldo Vieira –	Manual da Proéxis
Waldo Vieira –	Manual da Tenepes
Waldo Vieira –	Manual dos Megapensenes Trivocabulares
Waldo Vieira –	Nossa Evolução
Waldo Vieira –	O que é a Conscienciologia
Waldo Vieira –	Projeciologia
Waldo Vieira –	Projeções da Consciência

Autores	Títulos em Inglês
Alessandra Nascimento e Felix Wong –	*Conscientiology is News: Projectiology*
Cesar Machado –	*Antivictimization*

Autores	Títulos em Inglês
Débora Klippel –	*The Little Researcher: Multidimensionality*
Eduardo Martins –	*Consciential Hygiene*
Eliane Wojslaw *et al.* –	*The English-Portuguese Glossary of Essential Conscientiology Terms*
Eliana Manfroi –	*Consciential Antiwastage*
Flávio Monteiro e Pedro Marcelino –	*Cons - Understanding Our Evolution*
Jayme Pereira –	*Barbarah Visits a Star*
Lilian Zolet –	*Parapsychism in Childhood*
Mabel Teles –	*Zephyrus*
Marcelo da Luz –	*Where Does Religion End?*
Waldo Vieira –	*700 Conscientiology Experiments*
Waldo Vieira –	*Conscientiogram*
Waldo Vieira –	*Our Evolution*
Waldo Vieira –	*Penta Manual*
Waldo Vieira –	*Proexis Manual*
Waldo Vieira –	*Projectiology*
Waldo Vieira –	*Projections of the Consciousness*

Autores	Títulos em Espanhol
Alessandra Nascimento e Felix Wong –	*Concienciología es Noticia*
Gloria Thiago –	*Viviendo en Multiples Dimensiones*
Malu Balona –	*Síndrome del Extranjero*
Maximiliano Haymann –	*Síndrome del ostracismo*
Miguel Cirera –	*Evolución de la Inteligencia Parapsíquica*
Rosemary Salles –	*Conciencia en Revolución*
Waldo Vieira –	*Conscienciograma*
Waldo Vieira –	*Nuestra Evolución*
Waldo Vieira –	*Manual de la Teneper*
Waldo Vieira –	*Manual de la Proexis*
Waldo Vieira –	*Proyecciones de la Conciencia*

Onde comprar:

www.editares.org.br

1. Área da Pesquisa:

Este livro pesquisa temas da *Interassistenciologia*, especialidade da Conscienciologia.

2. Princípio da Descrença:

Não acredite em nada, nem mesmo nas informações expostas neste livro, o inteligente é fazer pesquisas pessoais sobre os temas.

EDITARES®

Milton Keynes UK
Ingram Content Group UK Ltd.
UKHW030143180324
439604UK00005B/701

9 786586 544107